JN430318

일본어 독해력 완성 프로그램
다락원 일한 대역문고

초급
5

일본 초등학교 **교과서 작품선**

日本の小学校の教科書作品選

金子みすゞ・新美南吉 著 | 오석윤 訳註

다락원

머리말

『다락원 일한 대역문고』초급 시리즈는 기초가 약한 학습자들이 일본어 명문들을 즐겁고 효과적으로 읽으며 중급 수준으로 독해력을 발전시키는 것을 목표로 만들었습니다.

어느 정도 일본어의 구조를 익히고 난 초보 학습자가 가장 절실히 느끼는 어려움은 아마도 자연스런 일본어 표현능력과 어휘력의 부족일 것입니다. 초급에서 단문(短文)의 기본문형 연습만 하다가 갑자기 복문(複文), 중급 문형, 관용구 등이 속출하는 중급 교재로 건너뛰면서 학습에 흥미를 잃고 마는 것이 지금까지 일반 학습자들이 밟아온 전철이었기 때문입니다.

그런 점에서 현행 일본 초등학교 국어 교과서에 실린 명문을 비롯한 옛날이야기, 만담, 신화 등 다양한 장르의 이야기들로 구성된 『다락원 일한 대역문고』 시리즈는 쉽고 재미있게, 정확하고 자연스러운 일본어 문장을 익히는 데 좋은 길잡이가 되어 줄 것입니다.

『다락원 일한 대역문고』 시리즈는 사전 없이 편리하게 학습할 수 있도록, 어휘 풀이는 물론 주요 문형에 대한 자세한 해설과 예문을 함께 실었습니다. 본문의 대역은 어휘의 정확한 뜻 전달을 위해 의역(意譯)보다는 직역(直譯)에 가깝도록 했고, 원어민의 정확한 발음으로 녹음된 오디오로 듣기 능력 향상까지 함께 기대할 수 있습니다. 『다락원 일한 대역문고』 시리즈로 일본어를 읽고 듣는 재미를 느껴보시기 바랍니다.

여러분의 일본어 학습에 도움이 되기를 바랍니다.

다락원 일한 대역문고 연구회

『다락원 일한 대역문고』이렇게 보세요

어휘 설명

자세한 해설과 함께, 히라가나로 실린 단어 중
한자를 알아두면 좋은 어휘에는 한자 표기를
병기했습니다.
사진 자료는 어휘 해설에 대한 빠르고 정확한
이해를 도와줍니다.

문형 해설

주요 문형의 뜻풀이와 접속을 예문과 함께 알
기 쉽게 정리했습니다.

보충 해설

내용 이해와 문법적인 접속 이해를 도와줍니다.

일러두기

일본어의 한국어 표기는 다음과 같습니다.
장음은 단음으로 표기했습니다. 예 大阪 — 오사카
발음 표기는 로마자 표기의 발음에 따랐습니다. 예 つかう(tsukau) — 츠카우
촉음은 'ㅅ'으로 표기했습니다.

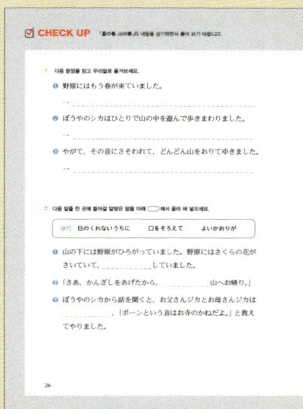

CHECK UP
내용 이해와 더불어 중요 문형에 대한 학습이 깊어집니다.

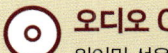 **오디오 CD**
원어민 성우의 정확한 내레이션으로 듣는 즐거움도 쌓으세요.

문형 접속 해설에 쓰인 활용형의 설명은 다음과 같습니다.
ます형(연용형) — ます가 붙기 이전의 형태
ない형 — ない가 붙기 이전의 형태
て형・た형 — 각각 て・た가 붙은 형태
な형용사な・명사の — な형용사의 어간에 な가 붙은 형태, 명사에 の가 붙은 형태
동사・い형용사・な형용사의 기본형 — 동사・い형용사는 사전에 실려 있는 형태, な형용사는 어간에 だ가 붙은 홀태
보통형 — 기본형, 부정형, 과거형, 과거부정형

목차

일본 초등학교 교과서 작품선

日本の小学校の教科書作品選

金子みすゞ*(かねこ みすず, 1903~1930)

야마구치(山口)현 출신의 동요 시인으로, 1923년부터 『동화(童話)』 『금성(金の星)』 등에 동요를 투고했다. 이들 동요가 당시 대표시인의 한 사람인 사이죠 야소(西条八十, 1892~1970, 시인, 불문학자)에게 '젊은 동요시인의 거성'이라고 극찬을 받았다. 「대어(大漁)」 「누에고치와 무덤(繭と墓)」 「꿈 팔기(夢売り)」 등의 작품을 발표했지만, 남편의 반대로 인해 붓을 놓았다. 이혼 후인 1930년 3월 자살로 28세의 짧은 생을 마감했다.

1982년 아동문학작가이자 동요시인인 야자키 세츠오(矢崎節夫)의 노력으로 그녀가 남긴 512편의 작품이 발견되어, 『가네코 미스즈 전집』으로 출판되었다.

*「ゞ」는 바로 앞에 나온 히라가나를 탁음으로 발음하라는 표시로 현대 일본어에서는 그다지 쓰이지 않는다.

新美南吉(にいみ なんきち, 1913~1943)

아이치(愛知)현 출신의 아동문학가로, 동화 이외에도 동요, 시, 하이쿠(俳句 ; 5·7·5의 일본 정형시), 희곡 등 여러 분야에 걸쳐 작품을 남겼다. 1931년 잡지 『빨간 새(赤い鳥)』 5월호에 처음으로 동요 「창(窓)」이 게재되기 시작하여 이후 「아기 여우 곤(ごん狐)」 「들개(のら犬)」 등의 동화 4편과 동요 23편이 실렸다.

학교에서 교편을 잡고 있던 南吉는 1943년 3월 결핵으로 세상을 떠날 때까지 병마와 싸우면서도 첫 동화집 『할아버지의 램프(おじいさんのランプ)』(1942) 등을 출간하는 등 창작에 대한 열정을 잃지 않았다.

사후에 동화집 『소를 묶은 동백나무(牛をつないだ椿の木)』(1943, 9, 10), 『꽃을 묻다(花を埋める)』(1943, 9, 30) 등이 간행되어 높은 평가를 받았다. 南吉의 작품은 어린아이부터 어른까지 세대를 뛰어넘어 사랑받고 있다.

わたしと　小鳥と　すずと

金子みすゞ
（かねこ　みすず）

わたしが両手をひろげても[1]、

お空はちっとも飛べないが、

飛べる小鳥はわたしのように[2]、

地べたを速くは走れない。

- [ ] 小鳥(ことり)　(참새, 종다리 등과 같은) 작은 새
- [ ] すず(鈴)　방울
- [ ] 両手(りょうて)　양손
- [ ] ひろげる(広げる)　벌리다, 펼치다
- [ ] 空(そら)　하늘
- [ ] ちっとも　(뒤에 부정의 말을 동반하여) 조금도, 전혀 ＝少(すこ)しも, 全然(ぜんぜん)

- [ ] 飛(と)べない　날 수 없다 〈飛ぶ의 가능형인 飛べる(날 수 있다)의 부정형〉
- [ ] 地(じ)べた　땅바닥 ＝地面(じめん)
- [ ] 速(はや)い　빠르다
- [ ] 走(はし)れない　달릴 수 없다 〈走る의 가능형인 走(はし)れる(달릴 수 있다)의 부정형〉

12

나와 작은 새와 방울과

카네코 미스즈

내가 양손을 벌려도,
하늘은 조금도 날 수 없지만,
날 수 있는 작은 새는 나처럼,
땅을 빠르게는 달릴 수 없어.

---

1 **〜ても 〜하더라도, 〜해도** [동사 て형+も]
역설표현으로 양보를 나타낸다.

熱(ねつ)があっても学校を休(やす)みません。 열이 있어도 학교를 쉬지 않습니다.

2 **〜のように 〜처럼, 〜같이** [명사+のように]
예시를 나타낸다.

手がこおりのように冷(つめ)たい。 손이 얼음처럼 차갑다.

わたしがからだをゆすっても、

きれいな音は出ないけど、

あの鳴るすずはわたしのように

たくさんなうたは知らないよ。

すずと、小鳥と、それからわたし、

みんなちがって、みんないい。

☐ からだ(体) 몸, 신체
☐ ゆする 흔들다
☐ 音(おと) 소리, 음
☐ 出(で)る 나오다
☐ 鳴(な)る 울리다, 소리가 나다

☐ たくさんだ 많다
☐ 知(し)らない 모르다〈知る(알다)의 부정형〉
☐ それから 그리고, 그리고 나서
☐ みんな(皆) 모두
☐ ちがう(違う) 다르다, 틀리다

내가 몸을 흔들어도,
아름다운 소리는 나지 않지만,
저 울리는 방울은 나처럼,
많은 노래는 알고 있지 않아.

방울과, 작은 새와, 그리고 나,
모두 달라서, 모두 좋아.

里の春、山の春
さと　　はる　　やま　　はる

新美南吉
にい み なんきち

野原にはもう春が来ていました[1]。
の はら　　　　　はる　き

さくらがさき、小鳥は鳴いておりました[2]。
こ とり　　な

けれども、山にはまだ春は来ていませんでした。
やま

山のいただきには、雪も白くのこっていました。
ゆき　しろ

里(さと) 마을, 고향, 산골 　　　　　けれども 그렇지만, 하지만, 그러나
春(はる) 봄 　　　　　　　　　　まだ 아직 〈뒤에 부정문이 옴〉
野原(のはら) 들판 　　　　　　　いただき(頂) (산 등의) 꼭대기
さくら(桜) 벚꽃 　　　　　　　　雪(ゆき) 눈
さく(咲く) (꽃이) 피다 　　　　　白(しろ)い 희다 ↔ 黒(くろ)い 검다
鳴(な)く (새 등이) 지저귀다, 울다 　　のこる(残る) 남아 있다, 남다

16

산골 마을의 봄, 산의 봄

니이미 난키치

들판에는 벌써 봄이 와 있었습니다.
벚꽃이 피고 작은 새가 울고 있었습니다.
그렇지만 산에는 아직 봄이 오지 않았습니다.
산꼭대기에는 눈도 하얗게 남아 있었습니다.

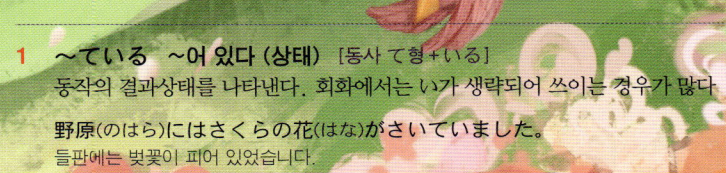

1　**～ている　～어 있다 (상태)** [동사 て형＋いる]
동작의 결과상태를 나타낸다. 회화에서는 い가 생략되어 쓰이는 경우가 많다

野原(のはら)にはさくらの花(はな)がさいていました。
들판에는 벚꽃이 피어 있었습니다.

2　**～ておる　～(어) 있다** [동사 て형＋おる]
～ている보다 다소 공손한 표현이다.

昔(むかし)買った本を読んでおりました。 옛날에 샀던 책을 읽고 있었습니다.

山のおくには、親子のシカが住んでいました。

ぼうやのシカは、生まれてまだ一年にならない[3]ので、春とはどんなものか知りませんでした。

「お父ちゃん、春ってどんなもの。」

「春には花がさくのさ。」

「お母ちゃん、花ってどんなもの。」

「花ってね、きれいなものよ。」

「ふうん。」

けれど、ぼうやのシカは、花を見たこともない[4]ので、花とはどんなものだか、春とはどんなものだか、よく分かりませんでした。

- おく(奥) 안쪽
- 親子(おやこ) 부모 자식
- シカ(鹿) 사슴
- 住(す)む 살다, 지내다
- ぼうや(坊や) 아가, 아기 〈남자아이를 사랑스럽게 부르는 말〉
- 生(う)まれる 태어나다
- ～ので ～때문에, ～이므로
- ～って ～라는 것은 =～とは
- もの 것, 물건
- ～さ ～이야 〈가볍게 단정하는 기분을 나타냄〉
- ～ね ～말이야, ～말이지 〈말을 연결시킴〉
- きれいだ 예쁘다, 아름답다
- けれど 그렇지만, 하지만, 그러나 〈けれども보다 조금 가벼운 말〉
- ～よ ～이야 〈강한 확신〉
- わかる(分かる) 알다, 이해하다

산 속에는, 부모 사슴과 아기 사슴 가족이 살고 있었습니다.

아기 사슴은 태어난 지 아직 일 년도 안 되었기 때문에, 봄이란 어떤 것인지 몰랐습니다.

"아빠, 봄이란 어떤 거야?"

"봄어는 꽃이 피는 거야."

"엄마, 꽃이란 어떤 거?"

"꽃은 말이지, 예쁜 거야."

"으응"

그렇지만 아기 사슴은 꽃을 본 적도 없어서, 꽃이란 어떤 것이지, 봄이란 어떤 것인지 잘 알 수가 없었습니다.

---

3 ～なる ～어지다, ～이 되다 [い형용사 어간+くなる, な형용사 어간 · 명사+になる]
상태의 변화를 나타낸다.

冬(ふゆ)になると、寒(さむ)くなる。 겨울이 되면 추워진다.

4 ～たこともない ～한 적도 없다 [동사 た형+こともない]
경험이 없음을 나타낸다. 경험이 있음을 나타낼 때는 ～たことが(も)ある를 쓴다

かれに会(あ)ったこともない。 그를 만난 적도 없다.

ある日、ぼうやのシカはひとり*で山の中を遊ん
で歩きまわりました。

　すると、遠くの方から、

「ボーン。」

とやわらかな音が聞こえてきました。

「なんの音だろう。」

　するとまた、

「ボーン。」

　ぼうやのシカは、ぴんと耳を立てて聞いていま
した。やがて、その音にさそわれて*、どんどん山
をおりてゆきました。

☐ 遊(あそ)ぶ　놀다
☐ 歩(ある)きまわる　돌아다니다
☐ すると　그러자, 그러면
☐ 遠(とお)く　먼곳
☐ やわらかだ(柔らかだ)　부드럽다
☐ 聞(き)こえる　들리다
☐ また　또
☐ ぴんと耳(みみ)を立(た)てる　귀를 쫑긋 세
　우다, 주의하여 듣다
☐ やがて　이윽고
☐ ～にさそわれる　～에 이끌리다 〈さそう(권
　유하다, 유혹하다)의 수동형〉
☐ どんどん　자꾸자꾸, 속속, 계속해서, 점점
☐ おりる　내려가다, 내려오다, 내리다

어느 날, 아기 사슴은 혼자서 산 속을 여기저기 돌아다니며 놀고 있었습니다.

그러자 먼 곳에서,

"댕~."

하고 부드러운 소리가 들려왔습니다.

'무슨 소리일까?'

그러자 또,

"댕~."

아기 사슴은 귀를 쫑긋 세우고 듣고 있었습니다. 이윽고, 그 소리에 이끌려서 자꾸자꾸 산을 내려갔습니다.

★ **一人** 한 사람　**二人** 두 사람　**三人** 세 사람　**十人** 열 사람　**何人** 몇 사람
　ひとり　　　ふたり　　　さんにん　　　じゅうにん　　　なんにん

★ **동사 수동형 만들기**

1그룹 동사　어미를 ア단으로 바꾼 다음 れる를 붙인다.
　　　　　　書く→書かれる　　さそう→さそわれる

2 그룹 동사　어미 る를 られる로 바꾼다.
　　　　　　見る→見られる　　食べる→食べられる

불규칙 동사　する→される　　来る→来(こ)られる

21

山の下には野原が広がっていました。野原には
さくらの花がさいていて、よいかおりがしていました。

一本*のさくらの木の根方に、やさしいおじいさ
んがいました。

子ジカを見るとおじいさんは、さくらをひとえだ
おって、その小さい角にむすびつけてやりました[5]。

「さあ、かんざしをあげたから、日のくれないう
ちに[6]山へお帰り。」

子ジカは喜んで山に帰りました。

- 広(ひろ)がる 넓어지다, 펼쳐지다, 퍼지다
- かおり(香り)がする 향기(냄새)가 나다
- ～本(ほん・ぼん・ぽん) 가늘고 긴 것을 셀 때 쓰는 조수사, ~개, ~자루, ~편(영화)
- 根方(ねかた) (나무의) 밑동
- やさしい 상냥하다, 다정하다
- 子(こ)ジカ 아기 사슴
- ひとえだ(一枝) 가지 하나
- おる(折る) 꺾다
- 角(つの) 뿔
- むすびつける(結びつける) 묶다
- かんざし 비녀〈일본식 묶은 머리에 꽂는 장식품〉
- くれる(暮れる) 해가 지다, 저물다 ↔ 明(あ)ける 날이 밝다
- 喜(よろこ)ぶ 기뻐하다, 즐거워하다

산 아래에는 들판이 펼쳐져 있었습니다. 들판에는 벚꽃이 피어 있고, 좋은 향기가 나고 있었습니다.

한 그루의 벚나무 밑동에, 다정한 할아버지가 있었습니다.

아기 사슴을 보자 할아버지는 벚꽃 가지 하나를 꺾어서 그 작은 뿔에 묶어 주었습니다.

"자, 비녀를 줬으니, 해가 지기 전에 산으로 돌아가렴."

아기 사슴은 기뻐하며 산으로 돌아갔습니다.

---

5 **～てやる ～해 주다** [동사 て형+やる]
자기가 혹은 다른 사람이 남에게 무엇인가를 해 줄 때 사용하며, 손아랫사람이나 동년배에게 사용한다.

おとうとと遊んでやりました。 남동생과 놀아 주었습니다.

6 **～ないうちに ～하기 전에** [동사 ない형+ないうちに]
어떤 일이 발생하기 전을 나타낸다.

子どもたちが帰らないうちにそうじをすました。
아이들이 돌아오기 전에 청소를 끝냈다.

★ **三本** 세 개 **六本** 여섯 개 **八本** 여덟 개 **十本** 열 개 **何本** 몇 개
　　さんぼん　　　ろっぽん　　　　はっぽん　　　じゅっぽん　　　なんぼん

ぼうやのシカから話を聞くと、お父さんジカと

お母さんジカは口をそろえて、

　　「ボーンという音はお寺のかねだよ。」

　　「おまえの角についているのが花だよ。」

　　「その花がいっぱいさいていて、気持ちのよい

　　においのしていたところが、春だったのさ。」

と教えてやりました。

　　それからしばらくすると、山のおくへも春がやっ

て来て、いろんな花はさき始めました[7]。

□ 口(くち)をそろえる　입을 모으다
□ お寺(てら)　절 〈お는 미화어〉
□ かね(鐘)　종
□ おまえ　너, 자네
□ 気持(きも)ち　기분, 감정, 마음 〈気持ちいい
　　기분 좋다, 気持ち悪(わる)い 기분 나쁘다〉
□ におい　냄새
□ 教(おし)える　가르치다
□ しばらく　잠시, 얼마 동안
□ やって来(く)る　찾아오다, 다가오다

24

아기 사슴에게서 이야기를 듣자, 아빠 사슴과 엄마 사슴은 입을 모아 한결같이,

"'댕~' 하는 소리는 절의 종소리란다."

"네 뿔에 달려 있는 것이 꽃이야."

"그 꽃이 곳곳에 그득 피어서, 기분 좋은 향기가 나던 곳이 바로, 봄이었던 것이란다."라고 가르쳐 주었습니다.

그리고는 얼마 후에, 산 속에도 봄이 찾아와서 여러 가지 꽃이 피기 시작했습니다.

---

7   **〜始(はじ)める   〜하기 시작하다** [동사 ます형＋始める]
어떤 일의 시작, 개시를 나타낸다.

かれは本を読み始めた。 그는 책을 읽기 시작했다.

1　다음 문장을 읽고 우리말로 옮겨보세요.

❶ 野原にはもう春が来ていました。

→ ....

❷ ぼうやのシカはひとりで山の中を遊んで歩きまわりました。

→ ....

❸ やがて、その音にさそわれて、どんどん山をおりてゆきました。

→ ....

2　다음 밑줄 친 곳에 들어갈 알맞은 말을 아래 ⬭ 에서 골라 써 넣으세요.

> 보기　日のくれないうちに　　口をそろえて　　よいかおりが

❶ 山の下には野原が広がっていました。野原にはさくらの花がさ
いていて、＿＿＿＿＿＿＿＿＿＿していました。

❷ 「さあ、かんざしをあげたから、＿＿＿＿＿＿＿＿＿山へお帰り。」

❸ ぼうやのシカから話を聞くと、お父さんジカとお母さんジカは
＿＿＿＿＿＿＿＿＿、「ボーンという音はお寺のかねだよ。」と教え
てやりました。

26

3 [ ] 안의 단어를 활용하여 문장을 완성하세요.

❶ ぼうやのシカは、＿＿＿＿＿＿＿＿まだ一年に＿＿＿＿＿＿＿＿の
  で、春とはどんなものか知りませんでした。[生まれる、なる]

❷ ぼうやのシカは、花を＿＿＿＿＿＿＿＿ こともない。[見る]

❸ 山のいただきには、雪も＿＿＿＿＿＿＿＿ いました。[白い、のこる]

4 다음 주어진 단어를 이용해 작문해 보세요.

❶ 그렇지만 산에는 아직 봄이 오지 않았습니다.
  [けれども、まだ、春、来る]

  → ＿＿＿＿＿＿＿＿＿＿＿＿＿＿＿＿＿＿＿＿＿＿＿＿

❷ "댕~" 하고 부드러운 소리가 들려왔습니다.
  [ボーンと、やわらかだ、音、聞こえる]

  → ＿＿＿＿＿＿＿＿＿＿＿＿＿＿＿＿＿＿＿＿＿＿＿＿

❸ 아기 사슴은 귀를 쫑긋 세우고 듣고 있었습니다.
  [ぼうや、しか、ぴんと、耳を立てる]

  → ＿＿＿＿＿＿＿＿＿＿＿＿＿＿＿＿＿＿＿＿＿＿＿＿

❹ 네 뿔에 달려 있는 것이 꽃이야. [おまえ、角、つく、花だよ]

  → ＿＿＿＿＿＿＿＿＿＿＿＿＿＿＿＿＿＿＿＿＿＿＿＿

27

赤いろうそく

新美南吉
にいみ なんきち

山から里の方へ遊びにいった[1] さるが一本の赤い
ろうそくを拾いました。赤いろうそくはたくさんあ
るものではありません。それでさるは赤いろうそく
を花火だと思いこんでしまいました[2]。

- 赤(あか)い　빨갛다 ↔ 青(あお)い　파랗다
- ろうそく　양초
- 里(さと)　마을, 고향, 산골
- さる(猿)　원숭이
- 拾(ひろ)う　줍다
- 花火 (はなび)　불꽃, 불꽃놀이
- 思(おも)いこむ　굳게 믿다, 믿어 버리다

빨간 양초

니이미 난키치

산에서 마을 쪽으로 놀러 갔던 원숭이가 빨간 양초 한 자루를 주웠습니다.
빨간 양초는 흔하게 있는 것이 아닙니다. 그래서 원숭이는 빨간 양초를 불꽃
이라고 긷어 버리고 말았습니다.

1 　**～にいく**(行く)　**～하러 가다** [동사 ます형+にいく]
　동작의 목적을 나타낸다.

　あした映画(えいが)を見にいく。　내일 영화를 보러 간다

2 　**～てしまう**　**～하고 말다, ~해 버리다** [동사 て형+しまう]
　본인의 의지와 무관하게 일이 그렇게 되어 유감임을 나타낸다.

　さいふをなくしてしまって、困(こま)っています。　지갑을 분실하여 큰일났습니다

さるは拾った赤いろうそくを大事に山へ持って帰りました。

　　山では大変なさわぎになりました。何しろ花火などというものは、しかにしても、ししにしても、うさぎにしても、かめにしても、いたちにしても、たぬきにしても、きつねにしても、まだ一度も見たことがありません[3]。その花火をさるが拾ってきたというのであります。

- ☐ 大事(だいじ)だ　소중하다
- ☐ 持(も)って帰(かえ)る　갖고 돌아가(오)다
- ☐ 大変(たいへん)だ　대단하다, 굉장하다, 엄청나다
- ☐ さわぎ　소란, 소동
- ☐ 何(なに)しろ　아무튼, 여하튼, 어쨌든
- ☐ しか(鹿)　사슴
- ☑ ～にしても　～로서도, ～에게도, ～도 역시
- ☐ しし(猪)　멧돼지 ＝いのしし
- ☐ うさぎ　토끼
- ☐ かめ(亀)　거북, 거북이
- ☐ いたち　족제비
- ☐ たぬき(狸)　너구리
- ☐ きつね(狐)　여우

원숭이는 주운 빨간 양초를 소중히 산으로 가지고 돌아왔습니다.

산에서는 대단한 소동이 일어났습니다. 아무튼 불꽃이라는 것은, 사슴도 멧돼지도, 토끼도, 거북이도, 족제비도, 너구리도, 여우도, 아직 한 번도 본 적이 없습니다. 그 불꽃을 원숭이가 주워왔다는 것입니다.

---

3 **〜たことがない（ある） 〜한 적이 없다(있다)** [동사 た형+ことがある(ない)]
　경험의 유무를 나타낸다.

　私に外国（がいこく）には行ったことがない。 나는 외국에는 가본 적이 없다.

「ほう、すばらしい。」

「これは、すてきなものだ。」

　しかやししやうさぎやかめやいたちやたぬきや きつねがおし合いへし合いして赤いろうそくをの ぞきました。するとさるが、

　「あぶないあぶない。そんなに近よってはいけな い。[4] 爆発するから。」 といいました。

☐ すばらしい　멋있다, 굉장하다, 매우 훌륭하다	☐ のぞく　엿보다
☐ すてきだ　매우 근사하다, 아주 멋지다	☐ すると　그러자
☐ ～や　～(이)랑	☐ あぶない(危ない)　위험하다
☐ お(押)し合いへしあい　밀치락달치락;여러	☐ 近(ちか)よる　다가가다, 접근하다
사람이 밀고 밀리고 잡아당기고 하는 모양	☐ 爆発(ばくはつ)する　폭발하다

32

"허어, 굉장하다."

"이건, 근사한 거다."

사슴이랑 멧돼지랑 토끼랑 거북이랑 족제비랑 너구리랑 여우가 서로 밀치락달치락하면서 빨간 양초를 들여다보았습니다. 그러자 원숭이가,

"위험해 위험해. 그렇게 가까이 가서는 안 돼. 폭발하니까."라고 말했습니다.

---

4 **〜てはいけない 〜해서는 안 된다** [동사 て형+はいけない]
강한 금지를 나타내는 표현이다.

無理(むり)してはいけない。 무리해서는 안 된다.

みんなはおどろいてしりごみしました。

そこでさるは花火というものが、どんなに大きな音をして飛び出すか、そしてどんなに美しく空に広がるか、みんなに話して聞かせました。そんなに美しいものなら見たいものだ⁵とみんなは思いました。

「それなら、今晩山のてっぺんに行ってあそこで打ち上げてみよう⁶。」とさるがいいました。みんなは大変喜びました。夜の空に星をふりまくように⁷ぱあっと広がる花火を目にうかべてみんなはうっとりしました。

- ☐ おどろく(驚く) 놀라다
- ☐ しりごみする 뒷걸음질 치다
- ☐ 飛(と)び出(だ)す 튀어나오다, 뛰어나오(가)다
- ☐ 話(はな)して聞(き)かせる 들려주다, 설명하다
- ☐ ～なら ～라면, ～이면 〈가정을 나타냄〉
- ☐ 今晩(こんばん) 오늘 밤
- ☐ てっぺん 정상, 꼭대기
- ☐ 打(う)ち上(あ)げる 쏘아 올리다
- ☐ 大変(たいへん) 매우, 몹시, 굉장히
- ☐ 星(ほし) 별
- ☐ ふりまく 흩뿌리다
- ☐ 目(め)にうかべる 눈에 보듯 떠올리다
- ☐ うっとりする 황홀해지다

34

모두들 놀라서 뒷걸음질 쳤습니다.

그래서 원숭이는 불꽃이라는 것이, 얼마나 큰 소리를 내며 튀는지, 그리고 얼마나 아름답게 하늘에 펼쳐지는지, 모두에게 이야기해 들려 주었습니다. 그렇게 아름다운 것이라면 한번 보고 싶다고 모두 생각했습니다.

"그러면, 오늘 밤 산꼭대기로 가서 거기에서 쏘아 올려 보자."고 원숭이가 말했습니다. 모두들 매우 기뻐했습니다. 밤하늘에 별을 흩뿌리는 것처럼, 촥 펼쳐지는 불꽃을 떠올리며 모두들 황홀해 했습니다.

---

5   **～たいものだ   ～하고 싶다** [동사 ます형+たいものだ]
(주로 실현되기 어려운 것을) 강하게 희망할 때 쓴다.

はやく彼に会(あ)いたいものだ。 빨리 그를 만나고 싶어.

6   **～てみる   ～해 보다** [동사 て형+みる]
어떤 동작을 시험 삼아 해 본다는 뜻을 나타낸다.

このシャツ、着(き)てみてもいいですか。 이 셔츠, 입어 봐도 될까요?

7   **～ように   ～같이** [동사 보통형+ように]
동작의 상태와 모습을 나타낸다.

自分(じぶん)が書いたように言わないでください。 자기가 쓴 것처럼 말하지 마세요.

さて夜になりました。みんなは胸をおどらせて山のてっぺんにやって行きました。さるはもう赤いろうそくを木の枝にくくりつけてみんなの来るのを待っていました。

いよいよこれから花火を打ち上げることになり[8]ました。しかし困ったことができました。と申しますのは、だれも花火に火をつけようとし[9]なかったからです。みんな花火を見ることは好きでしたが火をつけにいくことは、好きでなかったのであります。

これでは花火はあがりません。そこでくじをひいて、火をつけに行くものを決めることになりました。第一にあたったものはかめでありました。

☐ さて　마침내, 자, 이제
☐ 胸(むね)をおどらせる　가슴이 뛰다, 두근거리다
☐ 木(き)の枝(えだ)　나뭇가지
☐ くくりつける　동여매다, 묶다
☐ いよいよ　마침내
☐ 困(こま)る　곤란하다

☐ 申(もう)す　말하다 〈言う의 공손한 표현〉
☐ 火(ひ)をつける　불을 붙이다
☐ あがる　오르다, 올라가(오)다
☐ くじをひく　제비를 뽑다
☐ 決(き)める　결정하다 〈決まる 결정되다〉
☐ あたる(当たる)　당첨되다

36

마침내 밤이 되었습니다. 모두들 가슴을 두근거리며 산꼭대기로 갔습니다. 원숭이는 이미 빨간 양초를 나뭇가지에 묶어 놓고 모두가 오기를 기다리고 있었습니다.

드디어 이제부터 불꽃을 쏘아 올리게 되었습니다. 그러나 곤란한 일이 생겼습니다. 곤란한 일이라는 것은, 아무도 불꽃에 불을 붙이려고 하지 않았기 때문입니다. 모두 불꽃을 보는 것은 좋아했지만, 불을 붙이러 가는 것은 좋아하지 않았던 것입니다.

이래서는 불꽃은 올라가지 않습니다. 그래서 제비를 뽑아서, 불을 붙이러 갈 사람을 정하기로 했습니다. 제일 먼저 뽑힌 것은 거북이였습니다.

---

8 **~ことになる   ~하게 되다** [동사 기본형＋ことになる]
자신의 의지와는 관계없이 집단이나 조직의 결정으로 인한 확정을 나타낸다. 자신이 내린 결정일 경우에는 ~ことにする를 쓴다.

新入生(しんにゅうせい)のためのオリエンテーションを開(ひら)くことになりました。 신입생을 위한 오리엔테이션을 열게 되었습니다.

9 **~(よ)うとする   ~하려고 하다** [동사 의지형＋(よ)うとする]
어떤 동작을 하려는 의지나 일이 이루어지기 직전의 상태를 나타낸다.

仕事(しごと)を始(はじ)めようとしたとき、電話(でんわ)がかかってきた。
일을 시작하려고 할 때, 전화가 걸려왔다.

かめは元気を出して花火の方へやって行きました。だがうまく火をつけることができたでしょうか。いえ、いえ。かめは花火のそばまで来ると首が自然にひっこんでしまって出てこなかったのでありました。

　そこでくじがまたひかれて、今度はいたちが行くことになりました。いたちはかめよりはいくぶんましでした。というのは首をひっこめてしまわなかったからであります。しかしいたちはひどい近眼でありました。だからろうそくのまわりをきょろきょろとうろついているばかり [10] でありました。

□ 元気(げんき)を出(だ)す　기운을 내다
□ だが　그러나, 그렇지만, 하지만
□ うまい　솜씨가 좋다, 훌륭하다
□ そば　옆, 곁, 근처
□ 〜まで　〜까지
□ 首(くび)　목
□ 自然(しぜん)に　자연히, 저절로
□ ひっこむ(引っ込む)　움츠리다
□ そこで　그래서, 그런 까닭으로

□ 今度(こんど)は　이번에는
□ 〜より　〜보다 〈비교를 나타냄〉
□ いくぶん(幾分)　약간, 얼마간
□ ましだ　더 낫다, 더 좋다
□ ひどい　심하다, 지독하다
□ 近眼(きんがん)　근시
□ まわり　주변, 근처
□ きょろきょろ　두리번두리번
□ うろつく　헤메다, 방황하다, 서성거리다

거북이는 기운을 내서 불꽃 쪽으로 갔습니다. 그런데 불을 잘 붙일 수 있었을까요? 아니, 아니에요. 거북이는 불꽃 근처까지 오자 목이 저절로 움츠려져 버려 나오지 않았습니다.

그래서 다시 제비를 뽑아서, 이번에는 족제비가 가게 되었습니다. 족제비는 거북이보다 조금 나았습니다. 그것은 목을 움츠리지 않았기 때문입니다. 그러나 족제비는 심한 근시였습니다. 그래서 양초 주변을 두리번거리며 서성거리기만 했습니다.

---

10 **～ばかりだ** **～하기만 하다, ～할 뿐이다** [동사 기본형+ばかりだ]
한쪽 방향으로만 변화가 진행되고 있음을 나타낸다.

地球(ちきゅう)温暖化(おんだんか)は深化(しんか)するばかりだ。
지구온난화는 점점 더 심해지기만 한다.

とうとうししが飛び出しました。ししはまった
く勇ましいけだものでした。ししはほんとうにやっ
て行って火をつけてしまいました。

みんなはびっくりして草むらに飛びこみ耳をか
たくふさぎました。耳ばかりでなく ¹¹ 目もふさいで
しまいました。

しかしろうそくはぽんともいわずに¹² 静かにもえ
ているばかりでした。

☐ とうとう　마침내	☐ 草(くさ)むら　풀숲
☐ まったく　매우, 아주	☐ 飛(と)びこむ　뛰어들다
☐ 勇(いさ)ましい　용감하다	☐ かたい　강하다, 단단하다
☐ けだもの(獣)　짐승	☐ 耳(みみ)をふさぐ　귀를 막다
☐ ほんとうに　정말로	☐ 静(しず)かだ　조용하다
☐ びっくりする　깜짝 놀라다	☐ 燃(も)える　불타다, 피어오르다

40

마침내 멧돼지가 뛰어나갔습니다. 멧돼지는 아주 용감한 동물이었습니다. 멧돼지는 정말로 가서 불을 붙여 버렸습니다.

모두들 깜짝 놀라서 풀숲으로 뛰어들며 귀를 꽉 막았습니다. 귀뿐만 아니라 눈도 가렸습니다.

그러나 양초는 '펑' 하는 소리도 없이 조용히 타고 있을 뿐이었습니다.

11 ～ばかりでなく　～만이 아니라, ～뿐만 아니라 [명사＋ばかりでなく]
범위가 그 외에도 널리 미친다고 말하고 싶을 때 쓴다.

映画(えいが)ばかりでなく、演劇(えんげき)やコンサートもよく見に行っています。
영화뿐만이 아니라 연극이랑 콘서트도 자주 보러 다닙니다.

12 ～ずに　～않고 [동사 ない형＋ずに]
부정을 나타낸다. 불규칙 동사의 경우 せず・来(こ)ずが 된다.

かれはきのう何も食(く)わずに一心(いっしん)に働(はたら)いた。
그는 어제 먹지도 않고 열심히 일했다.

1 다음 문장을 읽고 우리말로 옮겨보세요.

❶ あぶないあぶない。そんなに近よってはいけない。爆発するから。

　→ _____

❷ みんなは胸をおどらせて山のてっぺんにやって行きました。

　→ _____

❸ 耳ばかりでなく目もふさいでしまいました。

　→ _____

❹ たぬきにしても、きつねにしても、まだ一度も見たことがあり
ません。

　→ _____

2 다음 중 본문의 내용과 일치하면 ○표, 일치하지 않으면 ×표를 하세요.

❶ いたちはもう赤いろうそくを木の枝にくくりつけてみんなの来
るのを待っていました。（　　　）

❷ だれも花火に火をつけようとしませんでした。（　　　）

❸ くじがまたひかれて、今度はかめが行くことになりました。か
めはいたちよりはいくぶんましでした。（　　　）

❹ 「それなら、今晩山のてっぺんに行ってあそこで打ち上げてみ
よう。」 といったのはさるでした。（　　　）

3 다음 밑줄 친 곳에 들어갈 알맞은 말을 아래 ⬭ 에서 골라 써 넣으세요.

> 보기 ぱあっと   自然に   とうとう   きょろきょろと

❶ _____ ししが飛び出しました。ししはまったく勇ましい
けだものでした。

❷ 夜の空に星をふりまくように_____広がる花火を目にう
かべてみんなはうっとりしました。

❸ いたちはろうそくのまわりを_____うろついているばか
りでありました。

❹ かめは花火のそばまで来ると首が_____ひっこんでしま
いました。

4 다음 주어진 단어를 이용해 작문해 보세요.

❶ 원숭이가 빨간 양초 한 자루를 주웠습니다.
[さる、赤い、ろうそく、拾う]

→ _____

❷ 그렇게 아름다운 것이라면 보고 싶다고 생각했습니다.
[美しい、もの、見る、たいものだ]

→ _____

❸ 거북이는 기운을 내서 불꽃 쪽으로 갔습니다.
[かめ、元気を出す、花火、やって行く]

→ _____

ふしぎ

金子みすゞ
かねこ　　　ず

わたしはふしぎでたまらない[1]、

黒い雲からふる雨が、
くろ　　くも　　　　　あめ

銀にひかっていることが。
ぎん

わたしはふしぎでたまらない、

青いくわの葉たべている、
あお　　　　　は

かいこが白くなることが。
しろ

☐ ふしぎだ　이상하다, 희한하다, 신기하다　　　☐ ひかる(光る)　반짝이다, 빛나다
☐ 雲(くも)　구름　　　　　　　　　　　　　☐ くわの葉(は)　뽕나무잎
☐ ふる　(비·눈등이) 내리다, 오다　　　　　☐ かいこ　누에
☐ 銀(ぎん)　은〈金銀銅(きんぎんどう) 금은동〉　☐ 白い　희다, 하얗다

44

이상해

카네코 미스즈

나는 이상해서 견딜 수가 없어,
까만 구름에서 내리는 비가,
은빛으로 빛나고 있는 것이.

나는 이상해서 견딜 수가 없어,
파란 뽕 잎을 먹고 있는,
누에가 하얗게 되는 것이.

---

1 **〜てたまらない** **〜하여 견딜(참을) 수 없다, 더할 나위 없이 〜하다**
[동사 て형+たまらない]
감정이나 감각을 억누를 수 없음을 나타낸다.

韓国(かんこく)のキムチが食べたくてたまらない。 한국 김치가 너무 먹고 싶다.

わたしはふしぎでたまらない、

たれもいじらぬ[2]夕顔が、
　　　　　　ゆうがお

ひとりでぱらりと開くのが。
　　　　　　　ひら

わたしはふしぎでたまらない、

たれにきいても笑ってて、

あたりまえだ、ということが。

- たれ　누구〈だれ의 예스러운 말〉
- いじる　만지작거리다, 주무르다, 만지다
- 夕顔(ゆうがお)　박〈朝顔(あさがお) 나팔꽃〉
- ぱらり　스르르, 사르르
- 開(ひら)く　피다, 열리다
- 笑(わら)う　웃다〈笑ってて는 笑っていて의 줄임말〉
- あたりまえだ　당연하다
- ～という　～라고 (말)하다

나는 이상해서 견딜 수가 없어,
아무도 만지지 않는 박이,
혼자서 스르르 열리는 것이.

나는 이상해서 견딜 수가 없어,
누구한테 물어봐도 웃고 있고,
당연하지, 라고 말하는 것이.

2 **~ぬ ~(하)지 않다** [동사 ない형+ぬ]
부정을 나타내는 고어로 현대 회화에서는 ~ん 형태로 많이 쓰인다. 불규칙 동사에
붙을 때에는 せぬ・こぬ가 된다.

野原(のはら)には名前(なまえ)も知らぬ花がいっぱいさいていた。
들판에는 이름도 모르는 꽃이 가득 피어 있었다.

手ぶくろを買いに

新美南吉
にいみ なんきち

寒い冬が、北方から、きつねの親子の住んでいる森へもやって来ました。

　ある朝、ほらあなから、子どものきつねが出ようとしましたが、

　「あっ。」とさけんで、目をおさえながら[1]、母さんぎつねの所へ転げてきました。

- [ ] 手(て)ぶくろ　장갑
- [ ] 寒(さむ)い　춥다 ↔ あたたかい　따뜻하다
- [ ] 北方(ほっぽう)　북쪽
- [ ] 親子(おやこ)　어버이와 자식
- [ ] 住(す)む　살다
- [ ] 森(もり)　숲
- [ ] やって来(く)る　찾아오다
- [ ] ほらあな(洞穴)　동굴
- [ ] さけぶ(叫ぶ)　소리치다
- [ ] おさえる(押さえる)　누르다, 가리다
- [ ] 転(ころ)げる　구르다, 뒹굴다, 넘어지다

48

장갑을 사러

니이미 난키치

추운 겨울이 북쪽에서, 여우 모자가 살고 있는 숲으로도 찾아왔습니다.

어느 날 아침, 동굴에서 아기 여우가 나가려고 했습니다만,

"아야." 하고 외치며 눈을 감싸며 엄마 여우가 있는 곳으로 굴러 왔습니다.

1 ～ながら ～하면서 [동사 ます형+ながら]
두 가지 이상 동작의 병행을 나타낸다.

海(うみ)を見ながらおいしいランチを食べた。 바다를 보면서 맛있는 점심을 먹었다.

「母ちゃん、目に何かささった。ぬいてちょうだい、早く、早く。」と言いました。

　母さんぎつねがびっくりして、あわてふためきながら、目をおさえている子どもの手をおそるおそる取りのけてみましたが、何もささってはいませんでした。母さんぎつねはほらあなの入り口から外へ出て、はじめてわけが分かりました。さく夜のうちに、真っ白な雪が、どっさりふったのです。その雪の上から、お日様がきらきらと照らしていたので、雪はまぶしいほど反しゃしていたのです。雪を知らなかった子どものきつねは、あまり強い反しゃを受けたので、目に何かささったと思ったのでした。

"엄마, 눈에 뭐가 찔렸어, 뽑아줘요, 빨리빨리." 하고 말했습니다.

엄마 여우가 깜짝 놀라, 당황하여 부산을 떨며, 눈을 감싸고 있는 아이의 손을 조심조심 치워보았습니다만 아무것도 박혀 있지는 않았습니다. 엄마 여우는 동굴 입구에서 밖으로 나가보고서 비로소 이유를 알았습니다. 어젯밤 동안 새하얀 눈이 가득 내린 것입니다. 그 눈 위로 해님이 반짝반짝 하고 비추고 있어서, 눈은 눈부실 정도로 반사하고 있는 것입니다. 눈을 몰랐던 아기 여우는, 너무 강한 빛의 반사를 받았기 때문에, 눈에 뭔가 찔렸다고 생각했던 것이었습니다.

□ ささる (刺さる) 박히다, 꽂히다, 찔리다
□ ぬく (抜く) 빼내다, 뽑다
□ ～てちょうだい　～(해)주세요 〈여성과 아이가 상대에게 부드럽게 부탁할 때 쓰는 말〉
□ あわてふためく　당황하여 허둥거리다
□ おそるおそる　조심조심, 겁내면서
□ 取(と)りのける　없애다, 치우다
□ 入(い)り口(ぐち)　입구
□ 外　밖, 바깥 ↔ 内(うち) 안, 내부
□ わけ (訳)　이유, 까닭, 사정
□ さく夜(や)　어젯밤
□ ～のうちに　(명사에 붙어) ~동안, ~중

□ 真(ま)っ白(しろ)だ　새하얗다
□ どっさり　잔뜩, 듬뿍
□ ふる (降る)　(비, 눈 등이) 내리다
□ お日様(おひさま)　햇님 〈お月(つき)様 달님〉
□ きらきら　반짝반짝
□ 照(て)らす　비추다
□ まぶしい　눈부시다
□ ～ほど　〈동사・い형용사의 기본형과 명사에 붙어〉 ~정도로, ~만큼
□ 反(はん)しゃする　반사하다
□ 受(う)ける　받다

子どものきつねは遊びに行きました。真わたのようにやわらかい雪の上をかけ回ると、雪のこが、しぶきのように飛びちって、小さいにじがすっとうつるのでした。

するととつぜん、後ろで、「ドタドタ、ザーッ。」と、ものすごい音がして、パンこのようなこな雪が、ふわあっと子ぎつねにおっかぶさってきました。子ぎつねはびっくりして、雪の中に転がるようにして十メートルも向こうへにげました。なんだろうと思って、ふり返ってみましたが、何もいませんでした。それは、もみのえだから、雪がなだれ落ちたのでした。まだ、えだとえだの間から白いきぬ糸のように、雪がこぼれていました。

아기 여우는 놀러 갔습니다. 풀솜처럼 부드러운 눈 위를 뛰어다니자, 눈가루가 물보라처럼 흩날려 조그마한 무지개가 쑥 비치는 것이었습니다.

그때 갑자기 뒤에서, "우당탕, 쏴—." 하는 엄청난 소리가 나며, 빵가루 같은 가루눈이 두둥실 아기 여우에게 덮쳐 왔습니다. 아기 여우는 깜짝 놀라, 눈 속을 구르듯이 하며 10미터나 더 건너편으로 도망쳤습니다. 뭘까 하는 생각에 뒤돌아보았지만 아무것도 없었습니다. 그것은 전나무 가지에서 눈이 떨어져 내렸던 것이었습니다. 아직도 가지와 가지 사이에는 하얀 명주실처럼 눈이 흘러 내리고 있었습니다.

□ **真(ま)わた**　풀솜 : 실을 켤 수 없는 허드레 고치를 삶아서 늘여 만든 솜으로, 하얗고 광택이 나며 가볍고 따뜻함

□ **かけ回(まわ)る**　뛰어다니다

□ **雪(ゆき)のこ**　눈가루

□ **しぶき**　물보라 〈ふぶき 눈보라〉

□ **飛(と)びちる(飛び散る)**　흩날리다

□ **にじ**　무지개

□ **すっと**　훌쩍, 휙

□ **うつる(映る)**　(거울, 수면 등에) 비치다

□ **とつぜん**　갑자기, 돌연

□ **ものすごい**　굉장하다, 대단하다

□ **パンこ**　빵가루

□ **こな雪(ゆき)**　가루눈

□ **ふわ(あ)っと**　둥실, 펄렁, 살짝, 사뿐히

□ **おっかぶさる**　뒤덮이다 〈かぶさる의 힘줌말〉

□ **にげる(逃げる)**　도망치다, 달아나다

□ **ふり返(かえ)る**　뒤돌아보다

□ **もみ**　전나무

□ **えだ(枝)**　가지

□ **なだれ落(お)ちる**　무너져 내리다

□ **間(あいだ)**　사이, 간격

□ **きぬ糸(いと)**　명주실

□ **こぼれる**　흘러 넘치다

まもなく、ほらあなへ帰ってきた子ぎつねは、「お母ちゃん、お手手が冷たい、お手手がちんちんする。」と言って、ぬれてぼたん色になった両手を、母さんぎつねの前にさし出しました。母さんぎつねは、その手に、はあっと息をふっかけて、ぬくとい母さんの手で、やんわり包んでやりながら、

「もうすぐ、温かくなるよ。雪をさわると、すぐ温かくなるもんだよ[2]。」と言いましたが、かわいいぼうやの手にしもやけができてはかわいそうだから、夜になったら、町まで行って、ぼうやのお手手に合うような毛糸の手ぶくろを買ってやろうと思いました。

- ☐ お手手(てて) 손〈手의 유아어〉
- ☐ 冷(つめ)たい 차다, 시리다
- ☐ ちんちんする 얼얼하다, 저릴 정도로 시리다 〈愛知(あいち) 현의 방언〉
- ☐ ぬれる 젖다
- ☐ ぼたんいろ(牡丹色) 모란꽃색, 빨간색
- ☐ さし出(だ)す(差し出す) 내밀다
- ☐ 息(いき) 입김, 숨
- ☐ ふっかける 세게 내불다
- ☐ ぬくとい 따뜻하다
- ☐ やんわりと 부드럽게, 살며시, 온화하게
- ☐ 包(つつ)む 감싸다
- ☐ さわる(触る) 만지다, 손을 대다, 닿다
- ☐ 温(あたた)かい 따뜻하다
- ☐ かわいい 귀엽다
- ☐ しもやけ(霜焼) 동상
- ☐ 町(まち) 시내, 시가
- ☐ 合(あ)う 어울리다, 알맞다
- ☐ 毛糸(けいと) 털실

이윽고 동굴로 돌아온 아기 여우는,

"엄마 손이 시려워, 손이 얼얼해." 하고 말하며, 젖어서 빨개진 양손을 엄마 여우 앞에 내밀었습니다. 엄마 여우는 그 손에 호오 하고 입김을 불어주고 따뜻한 엄마 손으로 살포시 감싸주면서,

"이게 곧 따뜻해질 거야, 눈(雪)을 만지면 금방 따뜻해지는 법이란다." 하고 말했습니다만, 귀여운 아기의 손에 동상이 생기면 가여우니까, 밤이 되면 마을까지 가서 아기 여우의 손에 어울릴 털장갑을 사주어야겠다고 생각했습니다.

---

2 〜ものだ 〜(하는) 법이다, 〜하기 마련이다
[동사・い형용사의 기본형과 부정형, な형용사な＋ものだ]
보편적인 경향으로 당연히 그러함을 나타낸다.

いくつになっても試験(しけん)はいやなものです。
몇 살이 되어도 시험은 싫은 법입니다.

暗い暗い夜が、ふろしきのようなかげを広げ
て、野原や森を包みにやって来ましたが、雪はあま
り白いので、包んでも包んでも、白くうかび上が
っていました。

　親子の銀ぎつねは、ほらあなから出ました。子
どもの方はお母さんのおなかの下へ入りこんで、そ
こからまんまるな目をぱちぱちさせながら、あっち
やこっちを見ながら歩いていきました。

　やがて、行く手にぽっつり、明かりが一つ、見
え始めました。それを子どものきつねが見つけて、

　「母ちゃん、お星様は、あんな低い所にも落ちて
るのねえ。」と聞きました。

캄캄한 밤이 보자기 같은 그림자를 펼치며 들판과 숲을 감싸러 찾아왔습니다만, 눈이 너무도 희어서 감싸고 또 감싸도 하얗게 떠올라 있었습니다.

은빛 여우 모자는 동굴에서 나왔습니다. 아기 여우는 엄마의 배 밑으로 들어가, 거기에서 똥그란 눈을 깜박거리며 이쪽저쪽을 보면서 걸어갔습니다.

이윽고, 저 앞에 반짝 하고 불빛이 하나 보이기 시작했습니다. 그것을 아기 여우가 발견하고는,

"엄마, 별님은 저렇게 낮은 곳에도 떨어져 있네." 하고 물었습니다.

□ 暗(くら)い 어둡다, 캄캄하다
□ ふろしき 보자기
□ かげ 그림자
□ 浮(う)かび上(あ)がる 떠오르다
□ 入(はい)りこむ 속으로 깊숙이 파고 들어가다
□ まんまるだ 아주 둥글다, 똥그랗다
□ ぱちぱちする 깜박깜박하다

□ 行(ゆ)く手(て) 앞길, 가는 쪽, 전방
□ ぽっつり(と) 작은 점이나 불빛 등이 생기는 모양, 반짝, 툭, 톡
□ 見(み)つける 찾다, 발견하다
□ お星様(ほしさま) 별님
□ 低(ひく)い 낮다
□ 落(お)ちる 떨어지다

「あれはお星様じゃないのよ。」

と言って、そのとき、母さんぎつねの足はすくんで
しまいました。

「あれは町の灯なんだよ。」

　その町の灯を見たとき、母さんぎつねは、ある
とき町へお友だちと出かけていって、とんだ目に
会ったことを思い出しました。およしなさいって言
うのも聞かないで、お友だちのきつねが、ある家
のあひるをぬすもうとしたので、お百しょうに見つ
かって、さんざ追いまくられて、命からがらにげた
ことでした。

- [ ] すくむ　(놀라움 · 두려움으로) 다리가 얼어 붙
  다, 꼼짝 못하다, 떨다
- [ ] 灯(ひ)　불빛, 등불
- [ ] ～とき　～때
- [ ] とんだ目(め)に会(あ)う　뜻밖의 변을 당하다
- [ ] お＋동사ます형＋なさい　～하세요〈가벼운
  명령을 나타냄〉
- [ ] よす　그만두다, 중지하다
- [ ] あひる　집오리
- [ ] ぬすむ(盗む)　훔치다
- [ ] お百(ひゃく)しょう　농민, 농부
- [ ] 見(み)つかる　발견되다, 들키다
- [ ] さんざ　몹시
- [ ] 追(お)いまくられる　몹시 몰아대다, 다그치
  다〈追う＋まくる가 결합된 말의 수동형〉
- [ ] 命(いのち)からがら　겨우 목숨을 부지하고,
  간신히, 가까스로

"저건 별님이 아니란다."

라고 말하는 순간, 엄마 여우의 다리는 얼어 붙고 말았습니다.

"저건 마을의 불빛이란다."

그 마을의 불빛을 보았을 때, 엄마 여우는, 언젠가 마을에 친구들과 갔다가 뜻밖의 봉변을 당했던 일이 떠올랐습니다. 그만두라는 말을 듣지 않고, 친구 여우가 어느 집의 집오리를 훔치려고 했다가, 농부에게 들켜 혼쭐나게 쫓기다 간신히 도망쳤던 일이었습니다.

「母ちゃん、何してんの、早く行こうよ。」
と子どものきつねが、おなかの下から言うのでした
が、母さんぎつねは、どうしても足が進まないの
でした。そこで、しかたがないので、ぼうやだけを
一人で町まで行かせることになりました。

"엄마 뭐해, 빨리 가자."
하고 아기 여우가 배 밑에서 말했습니다만, 엄마 여우는 도저히 걸음이 떨어
지지 않았습니다. 그래서 하는 수 없이, 아기 여우만을 혼자서 마을까지 보내
기로 하였습니다.

「ぼうや、お手手をかた方お出し。」

と、お母さんぎつねが言いました。その手を、母さんぎつねは、しばらくにぎっている間に、かわいい人間の子どもの手にしてしまいました。ぼうやのきつねは、その手を広げたり³、にぎったり、つねってみたり、かいでみたりしました。

「なんだか変だな、母ちゃん、これなあに?」と言って、雪明かりに、また、その、人間の手にかえられてしまった自分の手を、しげしげと見つめました。

- かた方(ほう)　한쪽 ↔ 両方(りょうほう)　양쪽
- 人間(にんげん)　인간
- にぎる　쥐다, 잡다
- つねる　꼬집다
- かぐ　냄새를 맡다
- かえる(変える)　바꾸다, 변화시키다
- 自分(じぶん)　자기 자신, 나
- しげしげと　찬찬히, 차근차근, 빈번히, 자주
- 見(み)つめる　응시하다, 열심히 바라보다

62

"아가야 한쪽 손을 내밀렴"

하고 엄마 여우가 말했습니다. 그 손을 엄마 여우가 잠시 쥐고 있는 사이에 어느새 귀여운 인간 아이의 손이 되어 버렸습니다. 아기 여우는 그 손을 폈다-쥐었다가, 꼬집어 보기도 하고, 냄새를 맡아 보기도 했습니다.

"왠지 이상해 엄마, 이게 뭐야?"

하고 말하며, 눈(雪) 빛에, 또 그 사람의 손으로 변해 버린 자신의 손을 찬찬히 들여다보았습니다.

3 〜たり〜たりする 〜하거나 〜하거나 하다

[동사 た형+り〜동사 た형+り する]
병행 또는 잇달아 일어나는 동작이나 상태를 늘어 놓는 표현이다.

通(とお)りはネオンがついたり消(き)えたりしている。
거리는 네온이 켜졌다 꺼졌다 하고 있다.

「それは人間の手よ。いいかい、ぼうや、町へ行っ

たらね、たくさん人間の家があるからね、まず、

表に丸いシャッポのかん板のかかっている家を

さがすんだよ。それが見つかったらね、トント

ンと戸をたたいて、こんばんはって言うんだよ。

そうするとね、中から人間が、少うし戸を開け

るからね、その戸のすきまから、こっちの手、

ほら、この人間の手をさし入れてね、この手に

ちょうどいい手ぶくろちょうだいって言うんだ

よ、分かったね、決して、こっちのお手手を出

しちゃだめ⁴よ。」

と母さんぎつねは言い聞かせました。

- [ ] ～かい　～냐, ～니 〈친밀감 있게 물을 때 씀〉
- [ ] まず　우선, 먼저
- [ ] 表(おもて)　겉, 바깥 ↔ 裏(うら) 안, 안쪽
- [ ] 丸(まる)い　동그랗다
- [ ] シャッポ　모자, 특히 챙이 있는 모자
- [ ] かん板(ばん)　간판
- [ ] かかる　걸리다, 매달리다
- [ ] さがす(探す)　찾다
- [ ] トントン　똑똑 〈가볍게 두드리는 소리〉
- [ ] 戸(と)　문 〈戸を開ける 문을 열다〉
- [ ] たたく　두드리다
- [ ] ほら　이봐, 자, 여기 〈주의를 끌 때 내는 소리〉
- [ ] すきま　틈새
- [ ] さし入(い)れる　넣다, 끼우다
- [ ] ちょうどいい　딱 맞다, 안성맞춤이다
- [ ] 決(け)っして　결코, 절대
- [ ] 言(い)い聞(き)かせる　알아듣도록 말하다, 타이르다, 설득하다

"이건 사람의 손이야. 알겠지? 아가야, 마을로 가면 말이야, 사람이 사는 집이 많이 있거든, 우선 문밖에 동그란 모자 간판이 걸려 있는 집을 찾으렴. 찾았거든, 똑똑 하고 문을 두드리고, '안녕하세요.' 하고 말하는 거야. 그러면, 안에서 사람이 조~금 문을 열거니까 그 문틈으로 이쪽 손, 자, 이 사람의 손을 밀어 넣고, '이 손에 딱 맞는 장갑을 주세요.' 하는 거야, 알겠지? 절대 이쪽 손을 내밀면 안 된다."

하고 엄마 여우는 알아듣도록 말했습니다.

---

4 **～ちゃだめ ～해서는 안 된다, ～하면 안 된다**
금지를 나타내는 말로 손아랫사람에게 쓴다.

そこへ入(はい)っちゃだめ。 거기에는 들어가면 안 돼.

「どうして？」

と、ぼうやのきつねは聞き返えしました。

「人間はね、相手がきつねだと分かると、手ぶくろを売ってくれない⁵んだよ、それどころか⁶、つかまえておりの中へ入れちゃうんだよ。人間って、ほんとにこわいものなんだよ。」

「ふうん。」

「決して、こっちの手を出しちゃいけないよ⁷、こっちの方、ほら、人間の手の方をさし出すんだよ。」

と言って、母さんのきつねは、持ってきた二つの白銅貨を、人間の手の方へにぎらせてやりました。

- ☐ 聞(き)き返(かえ)す　되묻다
- ☐ 相手(あいて)　상대
- ☐ つかまえる(捕まえる)　붙잡다
- ☐ おり　우리
- ☐ 入(い)れちゃう　넣어 버리다 〈＝入れてしまう, ～ちゃうは ～てしまう의 줄임말〉
- ☐ ～って　～이라는 것은 ＝～というのは
- ☐ こわい　무섭다
- ☐ ふうん　흠, 흥 〈감탄하거나 의심스러운 마음을 나타냄〉
- ☐ 白銅貨(はくどうか)　백동화; 백동으로 만든 돈, 동전

"왜?"

하고 아기 여우는 되물었습니다.

　"사람은 말이야, 상대가 여우라는 걸 알면 장갑을 팔지 않아. 팔기는커녕,
　잡아서 우리 안에 가둬 버린단다. 사람이란 정말 무서운 존재야."

　"흐~음."

　"절대 이쪽 손을 내밀면 안 돼. 이쪽 손, 자, 사람 손 쪽을 내미는 거야."

하고 말하고, 엄마 여우는 가지고 온 동전 두 개를 사람의 손 쪽에 쥐어 주었
습니다.

5　**～てくれる　（남이 나에게 무언가를）～해주다**　[동사 て형＋くれる]
말하는 사람을 위해 누군가가 어떤 행위를 해주는 것을 나타낸다.

　友だちが編(あ)んでくれた手ぶくろ。　친구가 뜨개질해 준 장갑.

6　**～どころか　～은커녕**　　[동사・い형용사의 기본형, な형용사な, 명사＋どころか]
예상ㅎ-고 있는 것과 사실이 크게 차이가 날 때 사용한다.

　彼女は本どころか米(こめ)も買(か)えない生活(せいかつ)をしている。
　그녀는 책은커녕 쌀도 살 수 없는 생활을 하고 있다.

7　**～ちゃいけない, ～해서는 안 된다, ～하면 안 된다**
금지를 나타내는 ～てはいけない의 회화체 표현이다.

　かってにさわっちゃいけないよ。　함부로 손대면 안 돼.

子どものきつねは、町の灯を目あてに、雪明かりの野原をよちよちやっていきました。はじめのうちは一つきり[8]だった灯が、二つになり、三つになり、はては、十にもふえました。きつねの子どもはそれを見て、灯には、星と同じように、赤いのや、黄色いのや、青いのがあるんだなと思いました。やがて町に入りましたが、通りの家々は、もうみんな戸をしめてしまって、高いまどから、温かそうな[9]光が、道の雪の上に落ちているばかりでした。

☐ 目(め)あて　표적
☐ よちよち　비틀비틀, 아장아장
☐ はて　끝
☐ ふえる(増える)　늘어나다, 증가하다
☐ ～と同(おな)じように　~와 같이
☐ ～や～や　~랑 ~랑, ~와 ~와

☐ 入(はい)る　들어가다 ↔ 出る(でる) 나오다
☐ 通(とお)り　거리
☐ 戸(と)をしめる　문을 닫다 〈戸がしまる 문이 닫히다〉
☐ まど(窓)　창, 창문
☐ 光(ひかり)　빛

68

아기 여우는 마을의 불빛을 향해 눈빛으로 환한 들판을 아장아장 걸어갔습니다. 처음에는 하나뿐이던 등불이 두 개가 되고 세 개가 되더니 나중에는 열 개로나 늘었습니다. 아기 여우는 그것을 보고, 등불에는, 별처럼, 빨간 것이랑, 노란 것이랑, 파란 것이 있구나 하고 생각했습니다. 이윽고 마을에 들어왔습니다만, 거리의 집집마다 벌써 모두 문을 닫아 버렸고, 높은 창에서 (새어 나온) 따뜻해 보이는 불빛이 길에 쌓인 눈 위로 떨어지고 있을 뿐이었습니다.

8 **〜きり** 〜뿐, 〜밖에, 〜만 [명사＋きり]
앞의 말에 붙어 범위의 한정을 나타낸다. 회화에서는 〜っきり의 형태로 많이 쓰인다.
やっと二人きりになった。 이제야 단 둘이 되었다.

9 **〜そうだ** 〜것 같다, 〜같이 보인다, 〜듯하다
[동사 ます형, い형용사・な형용사의 어간＋そうだ]
양태를 나타낸다. 말하는 사람이 보거나 들은 것을 바탕으로 한 추측과 느낌을 말하는 표현이다.

おいしそうなパンをいくつか買った。 맛있어 보이는 빵을 몇 개 샀다.

けれど、表のかん板の上には、たいてい、小さな電灯がともっていましたので、きつねの子は、それを見ながら、ぼうし屋をさがして行きました。自転車のかん板や、めがねのかん板や、そのほかいろんなかん板が、あるものは、新しいペンキでかかれ、あるものは、古いかべのようにはげていましたが、町にはじめて出てきた子ぎつねには、それらのものが、いったい何であるか分からないのでした。

　とうとう、ぼうし屋が見つかりました。お母さんが道々よく教えてくれた、黒い大きなシルクハットのぼうしのかん板が、青い電灯に照らされてかかっていました。

하지만 집 앞의 간판 위에는 대부분 작은 전등이 켜져 있었기 때문에, 아기 여우는 그것을 보면서 모자가게를 찾아갔습니다. 자전거 간판과 안경 간판과 그 밖의 여러 가지 간판이, 어떤 것은 새 페인트가 칠해졌고, 어떤 것은 오래된 벽처럼 벗겨져 있었지만, 마을에 처음 나온 아기 여우에게는 이런 것들이 도대체 무언지 알 수가 없었습니다.

마침내 모자가게를 찾았습니다. 엄마가 잘 가르쳐 주었던, 까맣고 커다란 실크해트 모자 간판이 푸른 전등에 비쳐져 걸려 있었습니다.

子ぎつねは、教えられたとおり[10]、トントンと戸をたたきました。

「こんばんは。」

すると、中では何かコトコト音がしていましたが、やがて、戸が一寸ほどゴロリと開いて、光のおびが、道の白い雪の上に長くのびました。

子ぎつねは 、その光がまばゆかったので、めんくらって、まちがった方の手を、―― お母さまが、出しちゃいけないと言ってよく聞かせた方の手を、すきまからさしこんでしまいました。

「このお手手にちょうどいい手ぶくろください。」

- コトコト　덜그럭덜그럭
- ～寸(すん)　길이의 단위 〈약 3㎝임〉
- ゴロリ　데구르르
- おび(帯)　띠
- のびる(伸びる)　늘어나다
- まばゆい　눈부시다
- めんくらう　당황하다
- まちがう(間違う)　틀리다, 잘못되다
- ～ください　~주세요

아기 여우는 가르쳐 준 대로 콩콩 문을 두들겼습니다.

"안녕하세요."

그러자, 안에서 무언가 덜그럭덜그럭 소리가 나더니 이윽고 문이 한 치 정도 드르륵 열리고, 빛의 띠가 길 위의 하얀 눈 위로 길게 뻗어갔습니다.

아기 여우는 그 빛이 눈부셔서 당황하여 다른 쪽 손을, —— 엄마가 내밀면 안 된다고 하며 잘 설명했던 쪽의 손을 문틈으로 내밀고 말았습니다.

"이 손에 맞는 좋은 장갑 주세요."

---

10 ～とおり ～한 대로 [동사 기본형·た형, 명사の+とおり]

'～ 그대로, ～ 와 같은 상태임'을 나타내는 말로 명사에 바로 붙을 때에는 ～どおり가 된다.

わたしが思ったとおり、彼女はいい人だった。
내가 생각한 대로 그녀는 좋은 사람이었다.

するとぼうし屋さんは、おやおやと思いました。きつねの手です。きつねの手が、手ぶくろをくれと言うのです。これはきっと、木の葉で買いに来たんだなと思いました。そこで、

　「先にお金をください。」

と言いました。子ぎつねはすなおに、にぎってきた白銅貨を二つ、ぼうし屋さんにわたしました。ぼうし屋さんはそれを、人さし指＊の先にのっけて、かち合わせてみると、チンチンとよい音がしましたので、これは木の葉じゃない、ほんとのお金だと思いましたので、たなから子ども用の毛糸の手ぶくろを取り出してきて、子ぎつねの手に持たせてやりました。子ぎつねは、お礼を言って、また、もと来た道を帰り始めました。

그러자 모자가게 주인은, '이런 이런' 하고 생각했습니다. 여우의 손입니다. 여우의 손이 장갑을 달라고 말하는 것입니다. 이것은 분명 나뭇잎으로 사려 온 것이겠구나 하고 생각했습니다. 그래서,

　　"먼저 돈을 주세요."

하고 말했습니다. 아기 여우는 순순히 쥐고 온 동전 두 개를 모자가게 주인에게 건넸습니다. 모자가게 주인은 그것을 집게손가락 끝에 올려 놓고, 서로 흩쳐보니, 짤랑짤랑 하고 좋은 소리가 났기 때문에, 이건 나뭇잎이 아니야, 진짜 돈이다 하고 생각했기 때문에 선반에서 어린이용 털장갑을 꺼내와 아기 여우의 손에 들려 주었습니다. 아기 여우는 인사를 하고 다시 왔던 길을 돌아가기 시작했습니다.

- [ ] おや　아니, 어머, 이런 〈의외의 일에 놀라거나 의문이 생겼을 때 내는 소리〉
- [ ] 木(こ)の葉(は)　나뭇잎
- [ ] そこで　그래서, 그런 까닭으로
- [ ] お金(かね)　돈
- [ ] すなおに　순수하게, 고분고분하게
- [ ] わたす(渡す)　건네다
- [ ] のっける　얹다, 놓다
- [ ] かち合(あ)う　부딪치다
- [ ] チンチン　짤랑짤랑
- [ ] ほんと　정말 〈ほんとう를 짧게 발음한 것〉
- [ ] たな(棚)　선반
- [ ] 〜用(よう)　〜용
- [ ] 取(と)り出(だ)す　꺼내다, 끄집어내다
- [ ] お礼(れい)を言(い)う　감사의 말을 하다
- [ ] 道(みち)　길

★	親指 엄지손가락 おやゆび	人さし指 집게손가락 ひと	中指 가운뎃손가락 なかゆび
	薬指 약손가락 くすりゆび	小指 새끼손가락 こゆび	

75

「お母さんは、人間はおそろしいものだっておっしゃったがちっともおそろしくないや。だってぼくの手を見てもどうもしなかったもの[11]。」

と思いました。けれど、子ぎつねはいったい人間なんてどんなものか見たいと思いました。

あるまどの下を通（とお）りかかると、人間の声（こえ）がしていました。何（なん）というやさしい、何という美（うつく）しい、何というおっとりした声なんでしょう。

「ねむれ* 　ねむれ

母のむねに、

ねむれ　ねむれ

母の手に──。」

- おそろしい　무섭다, 두렵다
- おっしゃる　말씀하시다 〈言う의 높임말〉
- ちっとも　조금도, 전혀
- ～や　～말야 〈가벼운 영탄을 나타냄〉
- だって　왜냐하면
- 通（とお）りかかる　(때마침) 지나가다
- 声（こえ）がする　목소리가 나다(들리다)
- 何（なん）という　어쩌면 그토록 〈정도가 대단한 것을 표현함〉
- おっとり　대범하고 까다롭지 않은 모양, 유연함, 의젓함
- ねむる(眠る)　자다, 잠들다
- むね　가슴

"엄마는 사람은 무서운 존재라고 하셨지만 조금도 무섭지 않은걸. 왜냐하면 내 손을 보고도 가만히 있었는걸."

하고 생각했습니다. 그렇지만 아기 여우는 대체 사람이란 어떤 것인지 보고 싶다고 생각했습니다.

어느 창 아래를 지나가자, 사람의 목소리가 났습니다. 어쩜 그렇게도 부드럽고, 아름답고, 푸근한 목소리일까요.

"잘 자라 잘 자라
엄마 품에서,
잘 자라 잘 자라
엄마 손에서── "

---

11 ～もの ～인 걸, ～란 말이야

불평이나 응석을 부릴 때 사용하는 종조사이다.

だって、おなかすいたんだもの. 하지만, 배가 고픈 걸 어떡해요.

★ **동사 명령형 만들기**

1 그룹 동사	어미를 エ단으로 바꾼다.
	書く→書け　　　ねむる→ねむれ
2 그룹 동사	어미 る를 ろ로 바꾼다.
	見る→見ろ　　　食べる→食べろ
불규칙 동사	する→しろ・せよ　　　くる→こい

子ぎつねはその歌声は、きっと、人間のお母さんの声にちがいない[12]と思いました。だって、子ぎつねがねむるときにも、やっぱり母さんぎつねは、あんなやさしい声でゆすぶってくれるからです。

すると、今度は、子どもの声がしました。

「母ちゃん、こんな寒い夜は、森の子ぎつねは寒い寒いって泣いてるでしょうね。」

すると母さんの声が、

「森の子ぎつねも、お母さんぎつねのお歌を聞いて、ほらあなの中でねむろうとしているでしょうね。さあ、ぼうやも早くねんねしなさい。森の子ぎつねとぼうやと、どっちが早くねんねするか、きっとぼうやの方が早くねんねしますよ。」

☐ 歌声(うたごえ) 노랫소리
☐ やっぱり 역시 =やはり
☐ ゆすぶる 흔들다 =ゆさぶる
☐ 泣(な)く 울다

☐ きっと 분명
☐ ねんねする 자다 〈ねる(자다)의 유아어〉
☐ ～なさい (동사 ます형에 붙어) ～(하)렴
☐ ～と～とどっちが ～와 ～중에서 어느 쪽이

아기 여우는 그 노랫소리는, 분명 사람 엄마의 목소리가 틀림없다고 생각했습니다. 왜냐하면 아기 여우가 잘 때에도, 역시 엄마 여우는 저런 부드러운 목소리로 재워주기 때문입니다.

그러자 이번에는 아이의 목소리가 들렸습니다.

"엄마, 이런 추운 밤에는 숲 속의 아기 여우는 추워추워하고 울겠네."

그러자 엄마의 목소리가,

"숲 속의 아기 여우도 엄마 여우의 노래를 들으면서 동굴 속에서 자려고 하고 있겠지. 자, 우리 아기도 얼른 자야지. 숲 속 아기 여우하고 우리 아기하고 누가 빨리 잠들까, 분명 우리 아기가 더 빨리 잘 거야."

---

12 ～にちがいない　～임에 틀림없다
[동사 · い형용사 · な형용사의 보통형, 명사＋にちがいない]
주관적인 강한 확신을 나타낸다.

彼は旅行(りょこう)にでも行っているにちがいない。
그는 여행이라도 간 것이 틀림없다.

それを聞くと、子ぎつねは、急にお母さんがこいしくなって、お母さんぎつねの待っている方へとんでいきました。

お母さんぎつねは、心配しながら、ぼうやのきつねの帰ってくるのを、今か今かとふるえながら待っていましたので、ぼうやが来ると、温かいむねにだきしめて、泣きたいほど喜びました。

二ひき*のきつねは、森の方へ帰っていきました。月が出たので、きつねの毛なみが銀色に光り、その足あとには、コバルトのかげがたまりました。

□ こいしい(恋しい) 그립다
□ とぶ(跳ぶ) 뛰다
□ 心配(しんぱい)する 걱정하다
□ 今(いま)か今かと 이제나저제나 하고
□ ふるえる 떨다
□ だきしめる(抱きしめる) 껴안다

□ 毛(け)なみ 가지런히 나 있는 털의 모양
□ 銀色(ぎんいろ) 은색
□ 足(あし)あと 발자국
□ コバルト 코발트색, 녹색을 띤 짙은 파란색
□ たまる 괴다, 늘다, 붙다, 모이다

그것을 듣자 아기 여우는 갑자기 엄마 여우가 보고 싶어져, 엄마 여우가 기다리고 있는 쪽으로 달려갔습니다.

엄마 여우는 걱정 속에서 아기 여우가 돌아오기를, 이제나저제나 하며 떨면서 기다리고 있었기 때문에, 아기 여우가 돌아오자, 따뜻한 품에 안고 눈물이 나올 정도로 기뻐했습니다.

두 마리의 여우는 숲으로 돌아갔습니다. 달이 떴기 때문에, 함초롬한 여우 털이 은색으로 빛났고, 그 발자국에는 코발트색 그림자가 드리웠습니다.

さんびき 세 마리	**よんひき** 네 마리	**ろっぴき** 여섯 마리
はっぴき 여덟 마리	**じゅっぴき** 열 마리	**なんびき** 몇 마리

「母ちゃん、人間ってちっともこわかないや。」

「どうして？」

「ぼう、まちがえてほんとうのお手手出しちゃったの。でも、ぼうし屋さん、つかまえやしなかったもの。ちゃんとこんないい温かい手ぶくろくれたもの。」

と言って手ぶくろのはまった両手を、パンパンやってみせました。お母さんぎつねは、

「まあ！」とあきれましたが、「ほんとうに人間はいいものかしら。ほんとうに人間はいいものかしら。」とつぶやきました。

- ～って　～은(는) ＝～は
- こわい（恐い）　무섭다 〈こわかない는 こわくない의 방언식 표현임〉
- ぼう　나 〈남자아이의 유아어〉
- ～ちゃった　～해 버렸다 〈～てしまった의 줄임말〉
- ぼうし屋（や）さん　모자가게 주인 〈お花屋さん 꽃가게 주인〉
- つかまる（捕まる）　붙잡다

- ～や　～은(는) 〈조사 は의 방언식 발음으로, は는 동사 ます형에 붙어 문장에서 어느 일부분을 강조하는 역할을 함〉
- はまる　꼭 끼이다, 꼭 들어맞다 〈手ぶくろを はめる 장갑을 끼다〉
- あきれる　기가 막히다, 질리다
- ～かしら　～일까? ～일지도 몰라 〈주로 여성이 씀〉
- つぶやく　중얼거리다

82

"엄마, 사람은 전혀 무섭지 않아."

"어째서?"

"내가, 잘못해서 진짜 손을 내밀어 버렸어. 그래도 모자가게 주인이 잡으려고 안 했는걸. 제대로 이런 따뜻하고 좋은 장갑을 줬는걸."

하고 말하며 장갑을 낀 양손을 탁탁 하고 소리 내 보였습니다. 엄마 여우는,

"뭐!"하고 놀랐지만, "정말 사람은 좋은 걸까. 정말 사람은 좋은 걸까."

하고 중얼거렸습니다.

1 다음 문장을 읽고 우리말로 옮기세요.

❶ 子ぎつねは、教えられたとおり、トントンと戸をたたきました。

　　→ _____

❷ はじめのうちは一つきりだった灯が、はては、十にもふえました。

　　→ _____

❸ 子ぎつねはその歌声は、きっと、人間のお母さんの声にちがい
ないと思いました。

　　→ _____

2 [　] 안의 단어를 활용하여 문장을 완성하세요.

❶ 덥기는커녕 추워서 감기에 걸렸어요. [あつい、どころか]

　　_____寒くてかぜをひきました。

❷ 엄마 여우는 아기 여우가 돌아오자 눈물이 나올 정도로 기뻐했습니
다. [泣く、～たいほど]

お母さんぎつねはぼうやが来ると_____喜びました。

❸ 봄이 되면 꽃이 피는 법입니다. [さく、もの]

春になると花が_____。

❹ 다시 왔던 길을 돌아가기 시작했습니다. [帰る、始める]

もと来た道を_____ました。

3 다음 문장을 「そうだ」에 유의하여 우리말로 옮기세요.

❶ 高いまどから温かそうな光が、落ちているばかりでした。

    → _____

❷ 今でも雨が降りそうです。

    → _____

❸ あのパンはおいしそうですね。

    → _____

4 다음 문장을 「～たり～たり」를 넣어 작문해 보세요.

❶ 그는 일요일에는 음악을 듣거나 텔레비전을 보거나 한다.
[日よう日、音楽を聞く、テレビを見る]

    → _____

❷ 거리는 네온이 켜졌다 꺼졌다 하고 있습니다.
[通り、ネオンがつく、消える]

    → _____

❸ 손을 펴기도 하고 냄새를 맡아 보기도 했습니다. [広げる、かぐ]

    → _____

❹ 주말에는 친구들과 영화를 보기도 하고 집에서 공부하기도 한다.
[週末、映画を見る、勉強する]

    → _____

狐
きつね

新美南吉
にいみ なんきち

一

月夜に七人の子どもが歩いておりました。
つき よ しち にん　　　　　　　　　　　　ある

大きい子どもも小さい子どももまじっておりま
おお　　　　　　　　　ちい
した。

月は、上から照らしておりました。子どもたち
つき　　　うえ　　　て　　　　　　　　　　　　　　　　こ
のかげは短く地べたにうつりました。
みじか　　　じ

☐ 狐(きつね)　여우
☐ 月夜(つきよ)　달밤
☐ 歩(ある)く　걷다
☐ まじる　섞이다 〈まぜる 섞다〉
☐ 照(て)らす　비추다

☐ かげ(影)　그림자
☐ 地(じ)べた　지면, 땅바닥 ＝地面(じめん)
☐ うつる(映る)　(모습・그림자 등이) 반사나 투영에 의하여 다른 것 위에 나타나다, 비치다

여우

니이미 난키치

1

달밤에 일곱 명의 아이가 걷고 있었습니다.

큰 아이도 작은 아이도 섞여 있었습니다.

머리 위로는 달빛이 비추고 있었습니다. 아이들의 그림자는 짤막하게 땅바닥에 새겨졌습니다.

子どもたちはじぶんじぶんのかげを見て、ずい

ぶん大頭で、足が短いなあと思いました。
　　　おおあたま　　　あし

　そこで、おかしくなって、笑い出す子もありま
　　　　　　　　　　　　　わら　だ

した。あまり¹かっこうがよくないので二、三歩は
　　　　　　　　　　　　　　　　　に　さんぽ

しってみる子もありました。

　こんな月夜には、子どもたちは何か夢みたい²

なことを考えがち³でありました。
　　　　かんが

- [ ] じぶんじぶん　自身들, 각자
- [ ] ずいぶん　꽤, 상당히, 매우
- [ ] 大頭(おおあたま)　큰 머리
- [ ] 〜なあ　〜구나 〈감탄을 나타냄〉
- [ ] おかしい　우습다, 재미있다, 이상하다
- [ ] 笑(わら)い出(だ)す　웃기 시작하다, 참기 어
    려워 웃음을 터뜨리다
- [ ] かっこう　모습, 모양 〈かっこういい 멋있다〉
- [ ] 〜歩(ほ・ぽ)　〜걸음
- [ ] はしる(走る)　달리다
- [ ] 夢(ゆめ)　꿈

아이들은 자기들의 그림자를 보고, 꽤 커다란 머리에 다리가 짧구나 하고 생각했습니다.

그러서, 그게 우스웠는지 웃음을 터트리는 아이도 있었습니다. 너무 보기 흉해 두 세 걸음을 달려가 보는 아이도 있었습니다.

이렇게 달이 뜬 밤에는 아이들은 뭔가 꿈같은 일을 생각하기 쉽기 마련이었습니다.

1 **あまり〜ない　너무(그다지) 〜지 않다**

今度のテストはあまり難(むずか)しくなかった。 이번 시험은 별로 어렵지 않았다.

2 **〜みたいだ　〜같다** [명사+みたいだ]

비유를 나타낸다.

マッチ箱(ばこ)みたいな家(いえ)がある。 성냥갑같은 집이 있다.

3 **〜がちだ　〜경향이 있다, 자주 〜하다** [동사 ます형, 명사+がちだ]

山田さんは病気(びょうき)がちだ。 야마다 씨는 병이 잦다.

子どもたちは小さい村から、半里ばかりはなれ

た本郷へ、夜のお祭りをみにゆくところでした。

　切通しをのぼると、かそかな春の夜風にのって、

ひゅうひゃらりゃりゃと笛の音が聞こえてきました。

　子どもたちの足はしぜんにはやくなりました。

　するとひとりの子どもがおくれてしまいました。

　「文六ちゃん、早くこい。」

とほかの子どもが呼びました。

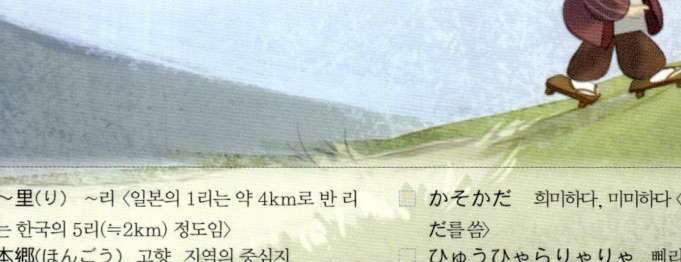

- ～里(り)　～리〈일본의 1리는 약 4km로 반 리는 한국의 5리(≒2km) 정도임〉
- 本郷(ほんごう)　고향, 지역의 중심지
- お祭(まつ)り　축제
- 切(きり)通(どお)し　산이나 언덕 등을 갈라서 낸 길
- かそかだ　희미하다, 미미하다〈지금은 かすかだ를 씀〉
- ひゅうひゃらりゃりゃ　삐리리(피리 소리)
- 笛(ふえ)の音(ね)　피리소리〈鐘(かね)の音(ね)　종소리〉
- おくれる　늦다, 남보다 뒤지다

아이들은 작은 마을에서, 5리 정도 떨어진 큰 마을로 밤 축제를 보러 가는 길이었습니다.

언덕을 갈라서 낸 길을 오르자, 살랑살랑 부는 봄의 밤바람을 타고, 삐리리 하고 피리소리가 들려왔습니다.

아이들의 발걸음은 자연스레 빨라졌습니다.

그러자 한 아이가 뒤쳐지고 말았습니다.

"분토쿠쨩, 빨리 와!"

하고 다른 아이가 불렀습니다.

文六ちゃんは月の光でも、やせっぽちで、色の白い、目玉の大きいことのわかる子どもです。できるだけ⁴いそいでみんなに追いつこうとしました。

「んでもおれ、おっ母ちゃんの下駄だもん。」

と、とうとう鼻をならしました。なるほど細長いあしのさきには大きな、大人の下駄がはかれていました。

二

本郷にはいるとまもなく、道ばたに下駄屋さんがあります。

子どもたちはその店にはいってゆきました。文六ちゃんの下駄を買うのです。文六ちゃんのお母さんにたのまれたのです。

- やせっぽち　말라깽이
- 目玉（めだま）　눈동자
- いそぐ　서두르다
- 追（お）いつく　따라잡다
- 下駄（げた）　일본 나막신
- 鼻（はな）をならす　응석부리다
- なるほど　과연, 정말

- 細長（ほそなが）い　가늘고 길다
- 大人（おとな）　어른
- はく　(신발을) 신다
- まもなく　얼마 안 되어, 이윽고
- 道（みち）ばた　길가, 도로변
- 店（みせ）　가게, 상점
- たのむ　부탁하다, 당부하다

분로쿠짱은 달빛으로도 알 수 있을 만큼 마르고, 살이 하얗고 눈동자가 큰
아이입니다. 될 수 있는 한 서둘러 모두에게 뒤처지지 않으려고 했습니다.

"응, 하지만 난, 엄마 신을 신었는 걸."

하고, 결국에는 응석 부리는 목소리로 대답했습니다. 과연 가늘고 긴 모양의
발 끄트머리에는 커다란 어른 신이 신겨져 있었습니다.

2

마을에 들어서고 얼마 안 가면 길가에 신발가게가 있습니다.

아이들은 그 가게로 들어갔습니다. 분로쿠짱의 신발을 삽니다. 분로쿠짱
의 엄마에게 부탁받은 것입니다.

4　～だけ　～만큼, ～까지

정도를 나타낸다.

会議(かいぎ)の時、言うだけのことは言うほうがよい。

회의 때 말할 수 있는 만큼은 말하는 편이 좋다.

「あののい、おばさん。」

と、義則君が口をとがらして下駄屋のおばさんにいいました。

「こいつのい、樽屋の清さの子どもだけどのい、下駄を一足*やっとくれや。あとから、おっ母さんが銭もってくるげなで。」

みんなは、樽屋の清さの子どもがよくみえるように 5、まえへおし出しました。それは文六ちゃんでした。文六ちゃんは二つばかりまばたきしてつっ立っていました。

おばさんは笑い出して、下駄をたなからおろしてくれました。

☐ **あののい** 저 〈=あのねえ, のい는 ねえ와 같음〉
☐ **口をとがらす** 입을 삐쭉 내밀다
☐ **〜げな** 〜인 것 같다 =らしい
☐ **銭(ぜに)** 돈
☐ **樽(たる)** 원통형의 나무통
☐ **〜足(そく・ぞく)** 〜켤레

☐ **やっとくれ** 줘요 〈やる(주다)+てくる(〜어 주다)〉
☐ **おし出(だ)す** (앞에) 내세우다
☐ **〜ばかり** 〜정도, 〜가량
☐ **まばたく** 눈을 깜박이다
☐ **つっ立(た)つ** 우두커니 서다
☐ **たな(棚)** 선반
☐ **おろす** 내리다, 내려놓다

94

"저기, 아주머니."

하고 요시노리가 입을 뾰족이 내밀고 신발가게 아주머니에게 말했습니다.

"이 녀석, 통 파는 가게 세이 씨네 아인데요, 신발 한 켤레 주세요. 나중에 얘네 엄마가 돈 갖고 올 거거든요."

아이들은 통 가게 세이씨 네 아이가 잘 보이도록, 앞쪽으로 내세웠습니다. 그건 분로쿠쨩이었습니다. 분로쿠쨩은 두어 번 눈을 깜박이며 서있었습니다

아주머니는 웃으며 신발을 선반에서 내려 주었습니다.

5 　〜ように　〜(하)도록 [동사 기본형·부정형+ように]
'〜일이 실현되기를 바라며'라는 목적을 나타낸다.

忘(わす)れものをしないようにしてください。 잊어버리는 물건이 없도록 해 주세요.

★	三足 세 켤레 さんぞく	六足 여섯 켤레 ろっそく	七足 일곱 켤레 ななそく
	八足 여덟 켤레 はっそく	何足 몇 켤레 なんぞく	

どの下駄が足によくあうかは、足にあててみなければわかりません。義則君が、お父さんかなんぞのように、文六ちゃんの足に下駄をあてがってくれました。何しろ文六ちゃんは、ひとりきりの子どもで、甘えん坊でした。

　ちょうど文六ちゃんが、新しい下駄をはいたときに、腰のまがったおばあさんが下駄屋さんにはいってきました。そしておばあさんはふとこんなことをいうのでした。

　「やれやれ、どこの子だか知らんが、晩げに新しい下駄をおろすと狐がつくというだに。」

- [ ] あてる　대다
- [ ] 〜なんぞ　〜등, 〜같은, 〜따위
- [ ] あてがう　대다, 붙이다
- [ ] 甘(あま)えん坊(ぼう)　응석받이
- [ ] ちょうど　마침, 딱
- [ ] 〜たときに　〜했을 때
- [ ] こし(腰)　허리
- [ ] まがる　구부러지다
- [ ] おばあさん　할머니, 노파
- [ ] ふと　문득
- [ ] やれやれ　저런 저런
- [ ] 晩(ばん)げ　저녁 무렵
- [ ] おろす　새 물건을 쓰기 시작하다, 바꾸어 신다
- [ ] 狐(きつね)がつく　여우에 홀리다
- [ ] 〜だに　〜인데, 〜이니까 〈단정을 나타내는 だ ＋접속조사 に〉

어떤 신발이 발에 잘 맞을지는, 신어 보지 않으면 알 수 없습니다. 요시느
리가 마치 아버지라도 된 듯이 분로쿠쨩의 발에 신발을 신겨 주었습니다. 다
무튼 분로쿠쨩은 외동이었고 응석받이였습니다.

　마침 분로쿠쨩이 새 신발을 신었을 때, 꼬부랑 허리를 한 할머니가 신발가
게로 들어섰습니다. 그리고 할머니는 문득 이런 말을 했습니다.

　"저런 저런, 뉘 집 아이인지는 몰라도, 밤늦게 새 신을 신으면 여우한테 홀
리는데."

子どもたちはびっくりしておばあさんの顔を見
ました。

　「嘘だい、そんなこと。」
とやがて義則君がいいました。

　「迷信だ。」
とほかのひとりがいいました。

　それでも子どもたちの顔には何か心配な色がた
だよっていました。

☐ 嘘(うそ) 거짓말
☐ ～だい　아이들이 단정의 어조를 강하게 말할
　때 씀, ～야, ～다 〈단정을 나타내는 だ+조사 い〉
☐ 迷信(めいしん) 미신

☐ 心配(しんぱい)な色(いろ)　걱정스러운 기색
☐ それでも　그럼에도 불구하고, 그런데도
☐ ただよう　감돌다, 떠다니다, 떠돌다

아이들은 깜짝 놀라 할머니의 얼굴을 보았습니다.

"거짓말이야. 그런 거."

하고 곧장 요시노리가 말했습니다.

"미신이야."

하고 또 다른 아이가 말했습니다.

그라도 아이들의 얼굴에는 뭔가 걱정스러운 기색이 떠올랐습니다.

「ようし、そいじゃ、おばさんがまじないしてやろう。」

と、下駄屋のおばさんが口軽くいいました。

おばさんは、マッチを一本するまねして、文六ちゃんの新しい下駄のうらに、ちょっとさわりました。

「さあ、これでよし。これでもう、狐も狸もつきゃしん[6]。」

そこで子どもたちは下駄屋さんを出ました。

☐ そいじゃ　そうすれば 〈それじゃが 변한말〉
☐ まじない　(재앙을 피하기 위해) 신불 등에 빎, 주문 〈まじなう 주문을 외다, 빌다〉
☐ 口(くち)軽(かる)い　(입이) 가볍다 ↔口がかたい 입이 무겁다
☐ マッチをする　성냥을 켜다
☐ まね　흉내 〈まねをする 흉내를 내다〉

☐ さわる(触る)　만지다, 손을 대다
☐ 狸(たぬき)　너구리
☐ つきゃしん　홀리지 않는다 〈=つきはしない. やは 조사 はの 방언식 발음이며, しんは しないの 방언임. はは 동사 ます형에 붙어 문장에서 어느 일부분을 강조하는 역할을 함〉

"좋아, 그럼 아줌마가 주문을 외워 주지."

하고, 신발가게 아주머니가 가볍게 말했습니다.

아주머니는 성냥 하나를 켜는 시늉을 하며, 분로쿠짱의 새 신발 뒤를 살짝 만졌습니다.

"자, 됐다. 이렇게 하면, 여우도 너구리도 못 홀려."

그래서 아이들은 신발가게를 나왔습니다.

---

6 **〜ん　〜않다** [동사 ない형+ん]

　부정을 나타내는 ぬ의 변한말로, 불규칙 동사에 붙을 때에는 せん・こん이 된다.

　ペんは持(も)って来んでもいいよ。 펜은 갖고 오지 않아도 돼.

三

　子どもたちは綿菓子をたべながら、稚児*さんが
二つの扇を、目にもとまらぬはやさでまわしながら、
舞台の上で舞うのをみていました。その稚児さんは、
おしろいをぬりこくって顔をいろどっているけれど、
よくみると、お多福湯のトネ子でありましたので、

　「あれ、トネ子だよ、ふふ。」
とささやきあったりしました。

　稚児さんをみてるのにあくと、くらいところに
いって、ねずみ花火をはじかせたり、かんしゃく玉
を石垣にぶつけたりしました。

□ 綿菓子(わたがし)　솜사탕 =綿あめ
□ 扇(おうぎ)　부채
□ とまる(止まる)　멈추다, 인상에 남다, 주의를
　　끌다〈目にもとまらぬ早業(はやわざ)　눈에
　　보이지 않을 정도로 빠른 솜씨〉
□ はやさ　빠름
□ まわす　돌리다
□ 舞台(ぶたい)　무대
□ 舞(ま)う　춤추다
□ おしろい　분〈お는 미화어〉
□ ぬりこくる　마구 칠하다

□ いろどる　화장하다, 색칠하다
□ ささやきあう　서로 속삭이다
□ あく　싫증이 나다
□ ねずみ花火(はなび)　불꽃
　　놀이의 일종으로, 작은 원형 모
　　양으로, 불을 붙이면 지면을 빠
　　르게 돌아다니다 불꽃을 일으킴
□ はじく　튀기다
□ かんしゃく玉　콩알탄
□ 石垣(いしがき)　돌담
□ ぶつける　던지다

3

아이들은 솜사탕을 먹으면서, 때때옷을 입은 아이가 부채 두 개를, 눈에
안 보일 정도로 빠르게 돌리며 무대 위에서 춤추는 것을 보고 있었습니다. 그
단장한 아이는 분을 하얗게 바르고 얼굴에 화장을 하고 있었지만, 잘 보니,
다복목욕탕의 토네코였기에,

"어, 토네코잖아, 하하"

하고 서로 속삭이기도 했습니다.

단장한 아이를 보는 것에 싫증이 나자, 어두운 곳으로 가서, 쥐불꽃놀이도
하고 돌담에 콩알탄을 던지기도 했습니다.

★ 稚児(ちご)
　신사(神社)·사원(寺院)의 제례 행렬 등에서 복장을 화려하게 갖춰 입고 나
　오는 남여 아동.

舞台を照らすあかるい電灯には、虫がいっぱいきて、そのまわりをめぐっていました。みると、舞台の正面のひさしのすぐ下に、大きな、あか土色の蛾がぴったりはりついていました。

山車の鼻先のせまいところで、人形の三番叟*がおどりはじめるごろは、すこし、お宮の境内の人も少なくなったようで⁷した。花火や、ゴム風船の音もへったようでした。

子どもたちは山車の鼻の下にならんで、あおむいて、人形の顔をみていました。

□ 虫(むし) 벌레
□ まわり 주변, 둘레
□ めぐる 둘러싸다, 에워싸다
□ 正面(しょうめん) 정면
□ ひさし 차양
□ 蛾(が) 나방
□ ぴったり 딱, 꼭
□ はりつく 달라붙다
□ 山車(だし) 축제용의 장식 수레
□ 鼻先(はなさき) 코 끝, 바로 앞

□ せまい 좁다
□ 人形(にんぎょう) 인형
□ おどる 춤을 추다
□ お宮(みや) 신사
□ 境内(けいだい) 경내, 신사의 안쪽
□ 風船(ふうせん) 풍선
□ へる(減る) 줄다, 적어지다
□ ならぶ 줄지어 늘어서다
□ あおむく(仰向く) 고개를 위로 젖히다, 들다

무대를 비추는 밝은 전등에는, 벌레가 가득 모여들어 그 주변을 날고 있었습니다. 보고 있으니, 무대 정면의 차양 바로 밑에, 적토 빛의 커다란 나방이 딱 달라붙어 있었습니다.

장식 수레의 끄트머리 좁은 곳에서, 산바소 인형이 춤을 추기 시작할 즈음에는 약간 신사의 경내에도 사람들이 조금 줄어 있는 듯했습니다. 불꽃놀이나 고무풍선 소리도 줄어든 것 같았습니다.

아이들은 장식 수레 끄트머리 밑에서 나란히 고개를 들고서 인형의 얼굴을 보고 있었습니다.

---

7   **～ようだ ～(인)것 같다** [동사·い형용사의 보통형, な형용사な, 명사の +ようだ]
    추량, 불확실한 단정을 나타낸다.

    交通事故(こうつうじこ)が起(お)こったようだ。 교통사고가 난 것 같다.

> ★ **三番叟(さんばそう)**
> 能楽(のうがく, 일본의 전통 가면 무용극) 중의 하나인 翁(おきな, 노인)에 나오는 3명의 등장인물 중 하나로, 翁는 흰 노인의 탈을 쓰고, 三番叟는 검은 노인의 탈을 쓴다.

人形は大人ともこどもともつかぬ顔をしています。その黒い目は生きているとしか思えません。ときどき、またたきするのは、人形をおどらす人がうしろで糸をひくのです。子どもたちはそんなことはよく知っています。しかし、人形がまたたきすると、子どもたちは、なんだか、ものがなしい*ような、ぶきみなような気がします。

するととつぜん、パクッと人形が口をあきペロッと舌を出し、あっというまに、もとのように口をとじてしまいました。まっかな口の中でした。

□ つく(付く) 판단이나 예상이 맞다 〈~とも・~にも 뒤에서는 부정형으로 쓰임. 本気(ほんき)ともじょうだんともつかない 진심인지 농담인지 분간할 수 없다〉
□ 生(い)きる 살다, 생명이 있다
□ ~としか ~라고 밖에
□ またたきする 눈을 깜박이다
□ おどらす(踊らす) 춤추게 하다, 조종하다
□ 糸(いと)を引(ひ)く 실을 당기다
□ ものがなしい 왠지 모르게 슬프다, 서글프다
□ ぶきみだ 으스스하다, 어쩐지 무섭다
□ とつぜん 돌연, 갑자기
□ 舌(した)を出(だ)す 혀를 내밀다
□ あっというまに 눈 깜짝할 사이에
□ とじる(閉じる) 닫다 〈目をとじる 눈을 감다〉
□ まっかだ 새빨갛다

106

인형은 어른인지 아이인지 알 수 없는 얼굴을 하고 있습니다. 그 새까만 눈은 살아 있다고 밖에 생각할 수 없습니다. 가끔씩 눈을 깜박이는 것은, 인형을 조종하는 사람이 뒤에서 실을 당기는 것입니다. 아이들은 그런 것은 잘 알고 있습니다. 하지만 인형이 눈을 깜박이면, 아이들은 왠지 서글픈 듯한, 으스스함을 느낍니다.

그러자 갑자기, '쩍'하고 인형이 입을 벌려 낼름하고 혀를 내밀고는, 눈 깜짝할 사이에 원래대로 입을 다물어 버렸습니다. 입 속이 새빨간 색이었습니다.

★ **もの〜 어쩐지 모르게~**
어쩐지 모르게 그러하다는 뜻을 나타낸다.

ものあたらしい 어쩐지 새롭다   **ものおそろしい** 어쩐지 무섭다

ものたりない 뭔가 부족하다

これも、うしろで糸をひく人がやったことです。子どもたちはよく知っているのです。ひるまなら、子どもたちはおもしろがって*、ゲラゲラ笑うのです。

　けれど子どもたちは、いまは笑いませんでした。ちょうちんの光の中で、——かげの多い光の中で、まるで生きている人間のように、まばたきしたり、ペロッと舌を出したりする人形……なんというぶきみなものでしょう。

　——子どもたちは思い出しました、文六ちゃんの新しい下駄のこと*を。晩げに新しい下駄をおろすものは狐につかれるといったあのばあさんのことを。

이것도 뒤에서 실을 당기는 사람이 한 것입니다. 아이들은 잘 알고 있습니다. 한낮이었으면 아이들은 재미있어 하며 깔깔대고 웃을 것입니다.

하지만 아이들은 지금은 웃지 않았습니다. 제등 불빛 아래의 —— 그림자가 많은 빛 속에서, 마치 살아 있는 사람처럼, 눈을 깜박이기도 하고, 낼름 하고 혀를 내밀기도 하는 인형……왠지 으스스하기도 하겠지요.

—— 아이들은 생각이 났습니다, 분로쿠쨩의 새 신발의 일을. 밤에 새 신발을 신으면 여우에게 홀린다고 한 그 할머니의 말을.

---

* **～がる**　～하게 생각하다, ～(하)다고 느끼다

おもしろい、うれしい、かなしい、ざんねんだ、ほしい、たい 등의 어간에 붙어서 3인칭의 감정이나 감각, 희망 등을 나타낸다.

彼はさっきから寒がっていた。 그는 아까부터 추워하고 있었다.

* **～のこと**　～일, ～것

어떤 일과 관련된 사항, 또는 인물이 동작이나 심정의 대상임을 나타낸다.

あの人は富士山のことには詳(くわ)しい。 그 사람은 후지산에 관해서는 해박하다.

子どもたちは、じぶんたちが、ながく遊びすぎ[8]たことにも気がつきました。じぶんたちにはこれから帰ってゆかねばならない[9]、半里の、野中の道があったことにも気がつきました。

四

かえりも月夜でありました。

しかし、かえりの月夜は、なんとなくつまらないものです。子供たちは、だまって——ちょうどひとりひとりが、じぶんの心の中をのぞいてでもいるように、だまって歩いていました。

☐ 気(き)がつく 생각이 들다, 생각이 미치다
☐ 野中(のなか) 들 복판
☐ だまる 입을 다물다, 침묵하다

☐ なんとなく 어쩐지, 왠지
☐ つまらない 시시하다, 하찮다
☐ のぞく 들여다보다

아이들은 자기들이 너무 늦게까지 놀았음에 생각이 미쳤습니다. 자신들은 이제부터 돌아가지 않으면 안 될, 5리의 들길이 있다는 것도 생각이 났습니다.

4

돌아가는 길도 역시 달이 비추는 밤이었습니다.

그러나 돌아가는 길의 달은 어쩐지 재미없습니다. 아이들은, 말없이 —— 마치 한 사람 한 사람이, 자기의 마음속을 들여다보기라도 하듯, 말없이 걷고 있었습니다.

---

8 **~すぎる　지나치게 ~하다** [동사 ます형, い형용사 · な형용사의 어간 + すぎる]
어떤 일에 있어서 정도가 심함을 나타낸다.

働(はたら)きすぎて病気(びょうき)になりました。 과로로 병이 났습니다.

9 **~ねばならない　~해야만 하다** [동사 ない형 + ねばならない]
의무를 나타내는데, ~なければならない와 같은 표현이다.

いじめ自殺(じさつ)はなくさねばなりません。 집단괴롭힘 자살은 없애야만 합니다.

切通し坂の上にきたとき、ひとりの子が、もう
ひとりの子の耳に口をよせて何かささやきました。
するとささやかれた子は別の子のそばにいって何
かささやきました。その子はまた別の子にささやき
ました。——こうして、文六ちゃんのほか、子ども
たちは何か一つのことを、耳から耳へいいつたえま
した。

それはこういうことだったのです。「下駄屋さん
のおばさんは文六ちゃんの下駄に、ほんとうにマッ
チをすっておまじないをしやしんだった。まねごと
をしただけだった。」

それから子どもたちはまたひっそりして歩いて
ゆきました。ひっそりしているとき子どもたちは考
えておりました。

깎아낸 비탈길 위에 왔을 때, 한 아이가 다른 아이의 귓가에 입을 가까이 대고 뭔가 속삭였습니다. 그러자 무엇을 들었는지 그 아이는 다른 아이에게 다가가 귓가 속삭였습니다. 그 아이는 또 다른 아이에게 속삭였습니다. ──── 이렇게 하여, 분로쿠짱을 빼놓고, 아이들은 뭔가 한 가지 일을 귀에서 귀로 전하였습니다.

그것은 이런 것이었습니다. "신발가게 아주머니는 분로쿠짱의 신발에, 정말로 성냥을 켜서 주문을 해 준 게 아니야. 하는 척만 한 것뿐이었어."

그리고는 아이들은 또 다시 가만히 걸어가기 시작했습니다. 가만히 걸어가며 아이들은 생각하고 있었습니다.

坂〈さか〉 고개, 비탈길 〈본문에서는 다른 단어에 붙어 탁음화 되었음〉
☐ 口をよせる 〈귓가에〉 입을 가까이 대다
ささやく 속삭이다
別〈べつ〉の 다른, 별도의
いいつたえる 말로 전하다

☐ おまじない 주문 〈おは 미화어〉
☐ しやしん 하지는 않다 〈＝しはしない, や는 は의 방언식 발음이며, しん은 しない의 방언임〉
まねごと 흉내
～だけ ～뿐, ～만
ひっそり 쥐죽은 듯이, 조용히

——狐につかれるというのはどんなことかしらん。文六ちゃんの中に狐がはいることだろうか。文六ちゃんの姿や形はそのままでいて、心は狐になってしまうことだろうか。そうすると、いまもう、文六ちゃんは狐につかれているかもしれない[10]わけだ[11]。文六ちゃんはだまっているからわからないが、心の中はもう狐になってしまっているかもしれないわけだ。

おなじ月夜で、おなじ野中の道では、だれでもおなじようなことを考えるものです。そこでみんなの足はしぜんにはやくなりました。

—— 여우한테 홀린다는 게 어떤 건지 모르겠어. 분로쿠쨩 속에 여우가 들어가는 걸까? 분로쿠쨩의 모습이나 형태는 그대로인데, 마음은 여우가 돼 버리는 걸까? 그러면 지금 이미, 분로쿠쨩은 여우한테 홀려 있을지도 몰라. 분로쿠쨩은 말을 안 하고 있으니까 모르겠지만, 마음속은 벌써 여우가 돼 버린 건지도 몰라.

똑같은 달밤, 똑같은 들길에서는, 누구라도 비슷한 생각을 하는 것입니다. 그래서 모두의 발길은 자연스레 빨라졌습니다.

10 ～かもしれない ～지도 모른다
[동사・い형용사의 보통형, な형용사 어간, 명사＋かもしれない]
주관적인 불확실한 추측을 나타낸다.

もしかしたら、うちの子天才(てんさい)かもしれません。
어쩜 우리집 아이 천재인지도 모르겠습니다.

11 ～わけだ ～한 셈이다, ～할 만도 하다, ～하게 됨도 당연하다
[동사・い형용사 보통형, な형용사な＋わけだ]
어떤 사정이나 상황, 인과관계 등에서 살펴보아 당연히 그러함을 나타낸다.

自動車(じどうしゃ)なら1時間で着(つ)くというわけです。
자동차라면 1시간에 닿을 수 있습니다.

ぐるりを低い桃の木でとりまかれた池のそばへ、
道がきたときでした。子供たちの中でだれかが、

　「コン」

と小さい咳をしました。

　ひっそりして歩いているときなので、みんなは、
その小さい音でさえ[12]、聞きおとすわけにはゆきま
せんでした[13]。

　そこで子供たちは、今の咳はだれがしたか、こっ
そり調べました。すると――文六ちゃんがしたと
いうことがわかりました。

□ ぐるり　둘레, 주위
□ 桃(もも)の木(き)　복숭아나무
□ とりまく　에워싸다
□ 池(いけ)　연못
□ コン　콜록

□ 咳(せき)をする　기침을 하다
□ 聞(き)きおとす　못 듣고 지나치다
□ 調(しら)べる　조사하다
□ こっそり　남몰래, 살짝

주변이 키 작은 복숭아나무로 둘러싸인 연못가 근처 길을 지날 때였습니다.
아이들 중 누군가가,

　"콜록."

하고 조그맣게 기침을 했습니다.

　조용히 걷고 있을 때였기 때문에, 모두들 그 작은 소리마저도 그냥 듣고 지
나칠 수는 없었습니다.

　그래서 아이들은, 지금 한 기침이 누가 했는지, 살며시 알아보았습니다.
그러자 —— 분로쿠쨩이 했다는 것을 알았습니다.

12 **～さえ　～조차, ～마저** [명사(+조사)＋さえ]
강조를 나타낸다.

雨ばかりか、風さえ吹(ふ)き出(だ)した。 비뿐만 아니라 바람까지 불기 시작했다.

13 **～わけにはいかない　～할 수는 없다** [동사 기본형, 부정형＋わけにはいかない]
심리적·도덕적·사회적 이유 등으로 하고 싶은 마음이 있음에도 불구하고 할 수
없음을 나타낸다.

くすりを食べないわけにはいきません。 약을 먹지 않을 수는 없다.

文六ちゃんがコンと咳をした！ それなら、この咳にはとくべつの意味があるのではないかと子どもたちは考えました。よく考えて見るとそれは咳ではなかったようでした。狐の鳴き声のようでした。

「コン」

とまた文六ちゃんがいいました。

　文六ちゃんは狐になってしまったと子どもたちは思いました。わたしたちの中には狐が一ぴきはいっていると、みんなはおそろしく思いました。

☐ それなら　그렇다면
☐ とくべつだ　특별하다
☐ 意味(いみ)　의미

☐ 鳴(な)き声(ごえ)　(새・벌레・짐승 등의) 울음소리

분로쿠쨩이 '콜록' 하고 기침을 했다! 그렇다면 이 기침에는 특별한 의미가 있는 건 아닐까 하고 아이들은 생각했습니다. 곰곰이 생각해보니 그것은 기침은 아닌 것 같았습니다. 여우가 우는 소리 같았습니다.

　　"콜록"

하고 또 분로쿠쨩이 기침을 했습니다.

　　분로쿠쨩은 여우가 돼 버렸다고 아이들은 생각했습니다. 우리들 중에는 여우가 한 마리 들어 있다며 모두가 무서워했습니다.

五

　樽屋の文六ちゃんの家は、みんなの家とはすこしはなれたところにありました。ひろい、みかん畑になっている屋敷にかこわれて、一軒きり、谷地にぽつんと立っていました。子どもたちはいつも、水車のところから少しまわりみちして、文六ちゃんを、その家の門口まで送ってやることにしていました。なぜなら、文六ちゃんは樽屋の清六さんのひとりきりの大事な坊っちゃんで、甘えん坊だからです。文六ちゃんのお母さんが、よく、みかんやお菓子をみんなにくれて、文六ちゃんと遊んでやってくれとたのみにくるからです。今晩も、お祭りにゆくときには、その門口まで、文六ちゃんをむかえにいってやったのでした。

통 파는 가게인 분로쿠쨩의 집은, 다른 아이들의 집과는 조금 떨어진 곳에 있었습니다. 넓은 귤밭의 대지로 둘러싸여, 집 한 채만이 습지에 덩그러니 서 있었습니다. 아이들은 언제나 물레방아가 있는 곳에서부터 조금 돌아서 분로 쿠쨩을 집 앞에까지 데려다 주고는 하였습니다. 왜냐하면 분로쿠쨩은 통가게 세이로쿠 아저씨의 하나뿐인 애지중지하는 아이로 응석받이였기 때문입니다. 분로쿠쨩의 엄마가, 자주 귤이나 과자를 모두에게 주며, 분로쿠쨩하고 놀아 주라고 부탁하러 오기 때문입니다. 오늘밤에도 축제에 갈 때는 그 문 앞까지 분로쿠쨩을 마중가 주었습니다.

□ はなれる　떨어지다, 멀어지다
□ みかん　귤
□ 畑(はたけ)　밭
□ 屋敷(やしき)　집터, 부지, 주택
□ かこう　에워싸다
□ 〜軒(けん)　〜채〈건물 등을 세는 단위〉
□ 谷地(やち)　습지
□ ぽつんと　덩그러니

□ 水車(みずぐるま)　물레방아
□ まわりみち(を)する　길을 돌아서가다
□ 門口(かどぐち)　문, 출입구
□ 送(おく)る　보내다
□ 坊(ぼ)っちゃん　도련님, 아드님
□ なぜなら　왜냐하면
□ 大事(だいじ)だ　소중하다, 중요하다
□ むかえる(迎える)　맞이하다, 마중가다

121

さてみんなは、とうとう、水車のところにきました。水車の横から細い道がわかれて草の中を下へおりてゆきます。それが文六ちゃんの家にゆく道です。

ところが、今夜はだれも、文六ちゃんのことを忘れてしまったかのように、送ってゆこうとするものがありません。忘れたどころではありません、文六ちゃんがこわいのです。

甘えん坊の文六ちゃんは、それでも、いつも親切な義則君だけは、こちらへきてくれるだろうと思って、うしろをむきむき、水車のかげになってゆきました。

□ ところが　그런데, 그러나
□ 細(ほそ)い　가늘다, 좁다
□ わかれる　갈라지다, 분리되다
□ 草(くさ)　풀
□ 忘(わす)れる　잊다
□ 親切(しんせつ)だ　친절하다
□ うしろをむく　뒤를 돌아보다

122

그리고 아이들은 마침내 물레방아가 있는 곳까지 왔습니다. 물레방아 옆으로 오솔길이 나뉘어져 풀밭을 아래로 내려갑니다. 그것이 분로쿠쨩네 집으로 가는 길입니다.

하지만, 오늘밤은 모두들 분로쿠쨩에 대한 생각을 잊어버린 듯, 데려다 주려고 하는 아이가 없습니다. 잊어버린 건 아닙니다, 분로쿠쨩이 무서운 것입니다.

응석받이 분로쿠쨩은, 그래도 언제나 친절한 요시노리만은, 자기 쪽으로 와 줄 거라고 생각해, 뒤를 돌아보며, 물레방아 그림자 속으로 걸어갔습니다.

とうとう、だれも文六ちゃんといっしょにゆきませんでした。

　さて文六ちゃんは、ひとりで、月にあかるい谷地へおりてゆく細道をくだりはじめました。どこかで、蛙がくくみ声で鳴いていました。

　文六ちゃんは、ここから、じぶんの家までは、もうじきだから、だれも送ってくれなくても、困るわけではないのです。だが、いつも送ってくれたのです、今夜にかぎって[14]おくってくれないのです。

　文六ちゃんは、ぼけんとしているようでも、もうちゃんと知っているのです、みんなが、じぶんの下駄のことで何といいかわしたか、また、じぶんが咳をしたために[15]どういうことになったかを。

☐ さて　そして、一方、しかし
☐ くだりはじめる　下りて行き始める
☐ 蛙(かえる)　개구리
☐ くくみ声(ごえ)　입속에 머금은 소리

☐ もうじき　이제 곧, 바로
☐ ぼけんと　멍하니, 멍청히 ＝ぼけっと
☐ ちゃんと　틀림없이, 분명하게
☐ いいかわす　말을 주고받다

결국 아무도 분로쿠쨩과 함께 가지 않았습니다.

그래서 분로쿠쨩은 혼자서, 달이 밝게 비추는 습지로 내려가는 오솔길을 내려가기 시작했습니다. 어디선가 개구리가 입에 머금은 소리를 내며 울고 있었습니다.

분로쿠쨩은 여기서부터 자기 집까지는 금방이어서 누가 데려다 주지 않아도 곤란할 건 없습니다. 하지만, 늘 데려다 주었던 것입니다, 오늘 밤만은 데려다 주지 않는 것입니다.

분로쿠쨩은, 우둔한 것 같지만, 이미 잘 알고 있습니다, 모두가 자기의 신발을 두고 뭐라고 말을 주고받았는지, 또 자기가 기침을 해서 어떤 일이 벌어졌는지를.

14 **〜にかぎって　〜일 때만은, 〜만은 특별히** [명사+にかぎって]
특별히 그 경우에만 좋지 못한 상황이 되어 불만스러움을 나타내고 싶을 때 쓴다.

公園(こうえん)に行こうと思っている日にかぎって雨が降(ふ)る。
공원에 갈려고 하는 날에 하필 비가 온다.

15 **〜ため(に)　〜때문에** [동사・い형용사의 보통형, な형용사な, 명사の+ために]
원인, 이유를 나타낸다.

大きなじしんがあったために、電車(でんしゃ)が止(と)まってしまいました。
큰 지진이 있었기 때문에 전철이 정지해 버렸습니다.

祭りにゆくまでは、あんなに、じぶんに親切にしてくれたみんなが、じぶんが、夜新しい下駄をはいて狐にとりつかれたかしれないために、もうだれひとりかえりみてくれない、それが文六ちゃんにはなさけないのでした。

　義則君なんか文六ちゃんより四年級も上だけれど親切な子で、いつもなら、文六ちゃんが寒そうにしていると、洋服の上に着ている羽織をぬいでかしてくれたものでした(田舎の少年は寒いとき、洋服の上に羽織を着ています)。それだのに[16]、今夜は、文六ちゃんが、いくら[17]咳をしていても羽織をかしてやろうとはいいませんでした。

　□ かえりみる　돌아보다, 회고하다
□ なさけない　박정하다, 한심하다
□ ～より　～보다(는) 〈비교할 대상의 기준을 나타냄〉

□ 洋服(ようふく)　양복
□ 羽織(はおり)　하오리 〈일본의 짧은 겉옷〉
□ ぬぐ　벗다
□ かす(貸す)　빌려주다

126

축제에 갈 때까지만 해도 그렇게 자기에게 친절히 대해 주던 모두가, 자기가 밤에 새 신을 신어 여우에게 홀렸을지도 모르기 때문에, 더 이상 누가 하나 돌아봐 주지 않는, 그것이 분로쿠쨩에게는 서운했습니다.

요시노리만 해도 분로쿠쨩보다 네 학년이나 위지만, 친절해서, 평소라면, 분로쿠쨩이 추울 것 같으면, 양복 위에 입고 있는 하오리를 벗어 빌려주었습니다(시골의 소년은 추울 때에 양복 위에 하오리를 입습니다). 그러던 것이, 오늘밤은 분로쿠쨩이 계속 기침을 해도 하오리를 빌려줄까 하고 말하지 않았습니다.

---

16 ～のに ～인데도 [동사 · い형용사의 보통형, な형용사な, 명사な+のに]
일반적인 예상과는 반대되는 사항이 일어남을 나타낸다.

彼は熱(ねつ)があるのに出かけた。 그는 열이 있는데도 외출했다.

17 いくら～ても 아무리 ~(해)도
앞의 즈건이 성립되면 뒤에 오는 사항도 당연히 성립되어야 되는데, 그렇지 못한 경우어 사용한다.

いくら覚(おぼ)えても、なかなか覚えられない。
아무리 외워도 잘 외워지지가 않는다.

文六ちゃんの屋敷の外かこいになっている槇の
いけがきのところにきました。背戸口の方の小さい
木戸をあけて中にはいりながら、文六ちゃんは、じ
ぶんの小さい影法師をみてふと、ある心配を感じま
した。

　——ひょっとすると、じぶんはほんとうに狐に
つかれているかもしれない、ということでした。そ
うすると、お父さんやお母さんはじぶんをどうする
だろうということでした。

- 外(そと)かこい　울타리
- 槇(まき)　노송나무, 삼목 등의 총칭
- いけがき　산울타리；나무를 촘촘히 심어
  만든 울타리
- 背戸口(せどぐち)　뒷문
- 木戸(きど)　울타리 등에 다는 간이문
- 影法師(かげぼうし)　(사람의) 그림자
- 感(かん)じる　느끼다

분로쿠짱 집의 바깥 울타리가 되어 있는 삼목과 노송나무 산울타리가 있는 곳까지 왔습니다. 뒷문 쪽 작은 나무문을 열고 안으로 들어가며, 분로쿠짱은 자신의 조그만 그림자를 보고 문득 어떤 걱정이 들었습니다.

—— 어쩌면 나는 정말 여우에게 홀렸을지도 몰라, 하는 생각이 든 것입니다. 그러면 아빠와 엄마는 자기를 어떻게 할까 하는 생각이 들었습니다.

六

　お父さんが樽屋さんの組合へいって、今晩はま
　　　　　　　　　　くみあい
だ帰らないので、文六ちゃんとお母さんはさきにや

すむことになりました。

　文六ちゃんは初等科三年生なのにまだお母さん
　　　　　　しょとうかさんねんせい
といっしょにねるのです。ひとり子ですからしかた
　　　　　　　　　　　　　　　　ご
ないのです。

☐ 組合(くみあい)　조합 〈労働組合(ろうどうく　　　　ねる　자다
　　みあい)노동조합〉　　　　　　　　　　　　　　ひとり子(ご)　형제자매가 없음 ＝ひとりっ子
☐ さきに　먼저　　　　　　　　　　　　　　　　しかたない　달리 방법이 없다, 하는 수 없다
☐ やすむ　쉬다

130

아빠가 통가게들의 조합에 가서, 오늘밤에는 아직 돌아오지 않아, 분로쿠
짱과 엄마는 먼저 자게 되었습니다.

분로쿠짱은 초등학교 3학년인데도 아직 엄마와 같이 잡니다. 외동아들이
라 어쩔 수가 없습니다.

「さあ、お祭りの話を、母ちゃんにきかしておくれ。」

とお母さんは、文六ちゃんのねまきのえりを合わせてやりながらいいました。

　文六ちゃんは、学校から帰れば学校のことを、町にゆけば町のことを、映画を見てくれば映画のことをお母さんにきかれるのです。文六ちゃんは話が下手ですから、ちぎれちぎれに話をします。それでもお母さんは、とてもおもしろがって、喜んで文六ちゃんの話をきいてくれるのでした。

□　さあ　자
□　ねまき　잠옷
□　えり　옷깃
□　合(あ)わせる　합치다, 모으다

□　映画(えいが)　영화
□　下手(へた)だ　서투르다 ↔ 上手(じょうず)だ
　　능숙하다, 잘하다
□　ちぎれちぎれ　조각조각, 토막토막

"자. 축제 이야기를 엄마에게 들려주렴."

하고 얻마는 분로쿠쨩의 잠옷 옷깃을 바로 세워주며 말하였습니다.

　분토쿠쨩은 학교에서 돌아오면 학교에서 있었던 일을, 마을에 갈 때면 마을에서 있었던 일을, 영화를 보고 오면 영화 이야기를 엄마에게 들려줍니다. 분로쿠쨩은 이야기가 서툴러서 도막도막 내어 이야기를 합니다. 그래도 엄마는 아주 재미있어하며, 즐겁게 분로쿠쨩의 이야기를 들어주었습니다.

「神子さんね、あれよくみたら、お多福湯のトネ
子だったよ。」

と文六ちゃんは話しました。

　お母さんは、そうかい、といって、おもしろそ
うに笑って、

「それから、もうだれが出たかわからなかったか
い。」

とききました。

　文六ちゃんは思い出そうとするように、目を大
きく見ひらいて、じっとしていましたが、やがて、
祭りの話はやめて、こんなことをいい出しました。

「母ちゃん、夜、新しい下駄おろすと、狐につか
れる？」

"무녀 있잖아, 잘 보니까, 다복목욕탕의 토네코였어."

하고 분로쿠쨩은 이야기했습니다.

　엄마는 그러니, 하고 재미있는 듯이 웃으며,

　"그리고 또 누가 나왔는지 알았니?"

하고 물었습니다.

　분로쿠쨩은 생각을 떠올려 보려는 듯, 눈을 크게 뜨고, 가만히 있었습니다

만, 곧 축제 이야기는 그만두고, 이런 이야기를 하기 시작했습니다.

　"엄마, 밤에, 새 신발을 신으면, 여우한테 홀려?"

神子(みこ)　무당, 무녀　　　　　　　　見(み)ひらく　눈을 크게 뜨다

～たら　～더니 〈동사 뒤에 붙어 발견을 나타냄〉　　じっと　꾹, 가만히

思(おも)い出(だ)す　떠올리다　　　　　　やめる　그만두다

お母さんは、文六ちゃんが何をいい出したかと思って、しばらく、あっけにとられて文六ちゃんの顔をみていましたが、今晩、文六ちゃんの身の上に、おおよそどんなことが起ったか、けんとうがつきました。

「だれがそんなことをいった？」

　文六ちゃんはむきになって、じぶんのさきの問いをくりかえしました。

「ほんと？」

「嘘だよ、そんなこと。むかしの人がそんなことをいっただけだよ。」

「嘘だね？」

「嘘だとも。」

「きっとだね。」

「きっと。」

엄마는 분로쿠쨩이 무슨 말을 했나 싶어, 잠시 어리둥절하여 분로쿠쨩의 얼굴을 보고 있었습니다만, 오늘 밤, 분로쿠쨩에게 무슨 일이 있었는지 대충 짐작이 갔습니다.

"누가 그런 얘기를 하던?"

분토쿠쨩은 정색을 하며 종전의 질문을 뒤풀이했습니다.

"정말?"

"거짓말이야, 그런 거. 옛날 사람들이 그런 얘기를 했던 것뿐이야."

"거짓말이지?"

"거짓말이고말고."

"정말이지?"

"정말."

☐ しばらく 잠시
☐ あっけにとられる 어리둥절하다
☐ 身(み)の上(うえ) 신상 〈身の上話(ばなし) 신상이야기〉
　신상이야기〉
☐ おおよそ 대략, 대강

☐ けんとうがつく 짐작이 가다, 예상이 되다
☐ むきになる 정색을 하고 대들다
☐ くりかえす 되풀이하다, 반복하다
☐ ～とも ～고말고 〈의심, 반대의 여지가 전혀 없음을 나타냄〉
　음을 나타냄〉

しばらく文六ちゃんはだまっていました。だまっ

ている間に、大きい目玉が二度ぐるりぐるりとまわ

りました。それからいいました。

　「もし、ほんとだったらどうする？」

　「どうするって、何を？」

とお母さんがききかえしました。

　「もし、ぼくが、ほんとに狐になっちゃったらど

うする？」

　お母さんは、しんからおかしいように笑い出し

ました。

　「ね、ね、ね。」

と文六ちゃんは、ちょっとてれくさいような顔をし

て、お母さんの胸を両手でぐんぐんおしました。

□ ぐるりぐるり　빙글빙글
□ 間(あいだ)　동안, 사이
□ まわる　돌다
□ ききかえす　되묻다
□ しんから　진심으로, 마음속에서 우러나와

□ てれくさい　겸연쩍다, 쑥스럽다
□ 胸(むね)　가슴
□ ぐんぐん　꼭꼭, 부쩍부쩍, 쭉쭉
□ おす　누르다

잠시 분로쿠쨩은 아무 말이 없었습니다. 조용히 있는 동안에, 커다란 눈망울을 두 번 빙빙 굴렸습니다. 그리고 이런 말을 꺼냈습니다.

　　"만약에 정말이면 어떡해?"

　　"어떻게 하다니, 뭘?"

하고 엄마가 되물었습니다.

　　"만약에, 내가, 정말로 여우가 되면 어떡해?"

　　엄마는 정말로 이상한 듯 웃기 시작했습니다.

　　"응, 응, 응?"

하고 분로쿠쨩은, 조금 멋쩍은 듯한 얼굴을 하고, 엄마의 가슴을 양손으로 꼭꼭 눌렀습니다.

「そうさね」と、お母さんはちょっと考えていてから[18]いいました。「そしたら、もう、家におくわけにゃいかないね。」

文六ちゃんは、それをきくと、さびしい顔つきをしました。

「そしたら、どこへゆく？」

「鴉根山の方にゆけば、今でも狐がいるそうだ[19]から、そっちへゆくさ。」

「母ちゃんや父ちゃんはどうする？」

するとお母さんは、大人が子どもをからかうときにするように、大変まじめな顔で、しかつべらしく、

- ～さ　～말이야, ～말이지 〈어조를 고르고 상대의 주의를 끌려는 심정을 나타냄〉
- おく(置く)　두다, 놓다
- ～わけにゃいかない　～수는 없다 ＝わけにはいかない
- さびしい　쓸쓸하다, 서운하다
- 顔(かお)つき　표정
- 鴉根山(からすねやま)　현재의 愛知県(あいちけん)半田市(はんだし)鴉根町(からすねちょう)임
- ～さ　～이야 〈가볍게 단정하는 기분을 나타냄〉
- からかう　놀리다
- まじめだ　진지하다, 성실하다
- しかつべらしい　점잖을 빼다

"글쎄." 하고, 엄마는 조금 생각해보고 얘기했습니다. "그렇다면, 더 이상 집에 둘 수는 없겠는데."

분로쿠쨩은 그 얘기를 듣고 서운한 표정을 지었습니다.

"그러면, 어디로 가?"

" 카라스네산 쪽으로 가면 지금도 여우가 있다던데, 거기로 가야겠지."

"엄마랑 아빠는 어떻게 하고?"

그러자 엄마는, 어른이 아이를 놀릴 때처럼, 아주 진지한 얼굴로 점잖을 빼며,

---

18 **〜てから〜　〜하고 나서〜** [동사 て형+から]
어떤 동작을 한 다음 다른 동작을 이어서 하는 것을 나타낸다.

たくや'はいつもご飯食べてから学校へ行くよ。
타쿠야는 언제나 밥을 먹고 나서 학교에 가요.

19 **〜そうだ　〜(이)라고 하다** [동사 · い형용사 · な형용사 · 명사だ의 보통형+そうだ]
직접 보거나 들은 것이 아니라, 다른 사람을 통해 전해 들은 사실을 말할 때 쓴다.

彼は京都(きょうと)へ行ったそうですよ。 그는 쿄토에 갔대요.

「父ちゃんと母ちゃんは相談をしてね、かあいい文六が、狐になってしまったから、わしたちもこの世になんのたのしみもなくなってしまったで、人間をやめて、狐になることにきめます[20]よ。」

「父ちゃんも母ちゃんも狐になる？」

「そう、二人で、あしたの晩げに下駄屋さんから新しい下駄を買ってきて、いっしょに狐になるね。そうして、文六ちゃんの狐をつれて鴉根の方へゆきましょう。」

文六ちゃんは大きい目をかがやかせて、

「鴉根って、西の方？」

「成岩から西南の方の山だよ。」

「深い山？」

☐ 相談(そうだん) 상담
☐ かあいい かわいい(귀엽다)의 방언
☐ わし 나 〈옛날에는 여성이 가까운 사람에게 썼으나 현대에는 주로 나이 든 남성이 손아랫사람에게 씀〉
☐ たのしみ 즐거움, 낙

☐ 世(よ) 세상
☐ かがやく 빛내다, 반짝이다
☐ 成岩(ならわ) 愛知県(あいちけん)半田市(はんだし)에 있는 지명
☐ 西南(せいなん) 서남 〈東西(とうざい) 동서, 南北(なんぼく) 남북, 北東(ほくとう) 북동〉

142

"아빠랑 엄마는 서로 얘기를 해서, 귀여운 분로쿠가 여우가 돼 버렸으니까, 우리들도 이 세상에 아무런 즐거움도 없어져 버렸으니까, 인간을 그만두고, 여우가 되기로 할 거야."

"아빠도 엄마도 여우가 돼?"

"그래, 둘이서, 내일 밤에 신발가게에 가서 새 신발을 사와서 같이 여우가 되는 거야. 그래서 분로쿠쨩 여우를 데리고 카라스네 쪽으로 가자꾸나."

분로쿠쨩은 커다란 눈을 반짝이며,

"카라스네는 서쪽이야?"

"나라와에서 서남쪽에 있는 산이지"

"깊은 산?"

---

20 **～ことにきめる** **～하기로 정하다** [동사 기본형+ことにきめる]
자신의 의지로 어떤 결정을 했음을 나타낸다.

　田舎(いなか)へ引(ひ)っ越(こ)すことにきめました。 시골로 이사 가기로 정했습니다.

「松の木が生えているところだよ。」

「猟師はいない？」

「猟師って鉄砲打ちのことかい？　山の中だから

いるかもしれんね。」

「猟師が撃ちにきたら、母ちゃんどうしよう？」

「深い洞穴の中にはいって三人で小さくなってい

れば見つからないよ。」

「でも、雪が降ると餌がなくなるでしょう。餌を

拾いに出たとき猟師の犬に見つかったらどうし

よう。」

「そしたら、いっしょうけんめい走ってにげま

しょう。」

「でも、父ちゃんや母ちゃんははやいでいいけど、

僕は子どもの狐だもん、おくれてしまうもん。」

"소나무가 자라는 곳이야."

"사냥꾼은 없어?"

"사냥꾼? 포수? 산속이니까 있을지도 모르겠네."

"사냥꾼이 총 쏘러 오면 어떻게 해, 엄마?"

"깊은 동굴 안에 들어가 셋이서 웅크리고 있으면 못 찾을 거야."

"하지만, 눈이 내리면 먹을 게 없어지잖아. 먹을 걸 구하러 나갈 때 사냥개가 우릴 찾아내면 어떻게 해?"

"그러면 열심히 뛰어서 도망가야지."

"그래도, 아빠랑 엄마는 빨라서 괜찮지만, 나는 아기 여운걸, 뒤처질 거야."

☐ 生(は)える 나다, 자라다
☐ 猟師(りょうし) 사냥꾼
☐ 鉄砲打(てっぽうう)ち 포수
☐ 撃(う)つ (총으로) 쏘다
☐ 見(み)つかる 발견되다, 들키다
☐ 餌(えさ) 먹이
☐ 拾(ひろ)う 줍다
☐ いっしょうけんめい 열심임
☐ 走(はし)る 달리다
☐ にげる(逃げる) 도망치다

「父ちゃんと母ちゃんが両方から手をひっぱって
あげるよ。」

「そんなことをしてるうちに、犬がすぐうしろに
きたら？」

お母さんはちょっとだまっていました。それか
ら、ゆっくりいいました。もうしんからまじめな声
でした。

「そしたら、母ちゃんは、びっこをひいてゆっく
りいきましょう。」

「どうして？」

「犬は母ちゃんにかみつくでしょう、そのうちに
猟師がきて、母ちゃんをしばってゆくでしょう。
その間に、坊やとお父ちゃんはにげてしまうの
だよ。」

"아빠랑 엄마가 양 옆에서 손을 잡고 가줄 거야."

"그러고 있는 동안 사냥개가 쫓아오면?"

엄마는 잠시 아무 말 없이 있었습니다. 그리고 천천히 얘기했습니다. 이제 아주 진지한 목소리였습니다.

"그러면 엄마는 다리를 절면서 천천히 갈 거야."

"왜?'

"사냥개는 엄마한테 달려들어 물겠지, 그러는 동안 사냥꾼이 와서 엄마를 묶어가겠지. 그동안 분로쿠짱하고 아빠는 도망쳐 버리는 거야."

☐ ひっぱる 끌어당기다

☐ 〜うちに 〜동안에

☐ びっこをひく 다리를 절다

☐ かみつく 달려들어 물다

☐ そのうちに 그 동안에, 그러는 사이에

☐ しばる 묶다

文六ちゃんはびっくりしてお母さんの顔をまじ
まじとみました。

　「いやだよ、母ちゃん、そんなこと。そいじゃ、
母ちゃんがなしになってしまうじゃないか。」

　「でも、そうするよりしようがないよ、母ちゃん
はびっこをひきひきゆっくりゆくよ。」

　「いやだったら[21]、母ちゃん。母ちゃんがなくな
るじゃないか。」

　「でもそうするよりしようがないよ、母ちゃんは、
びっこをひきひきゆっくりゆっくり……。」

　「いやだったら、いやだったら、いやだったら！」

□ まじまじと　まじっと、見つめて

□ そいじゃ　それなら〈それじゃの方言〉

□ ～より　（あとに否定の語が来て）～するしかない

□ しようがない　方法がない、どうしようもない

□ ゆっくり　のんびりと、ゆったりと

148

분로쿠짱은 깜짝 놀라 엄마의 얼굴을 뚫어지게 쳐다보았습니다.

"싫어, 엄마, 그런 거. 그럼 엄마가 없어져 버리는 거잖아."

"그래도 그렇게 할 수 밖에 없는걸, 엄마는 다리를 절면서 천천히 갈 거야."

"싫다니까, 엄마. 엄마가 없어지는 거잖아."

"그래도 그렇게 할 수 밖에 없어, 엄마는 다리를 절면서 천천히 천천히……"

"싫어, 싫어, 싫다니까!"

---

21 ~ったら ~(라)니까

놀라움 · 초조함 · 짜증스러운 마음을 나타낸다.

だめよ、だめよ、だめだったら！안 돼! 안 돼! 안 된다니까!

文六ちゃんはわめきたてながら、お母さんの胸にしがみつきました。涙がどっと流れてきました。

　お母さんも、ねまきのそででこっそり目のふちをふきました、そして文六ちゃんがはねとばした、小さい枕を拾って、頭の下にあてがってやりました。

□　わめきたてる　큰소리로 마구 외치다, 심하게 아우성치다
□　しがみつく　매달리다, 달라붙다
□　涙(なみだ)　눈물
□　流(なが)れる　흐르다, 흘러 내리다
□　どっと　왈칵 하고
□　そで　소매
□　ふち　둘레, 가장자리
□　ふく　닦다
□　はねとばす　던져 날려 버리다
□　枕(まくら)　베개〈ふとん 이불〉

150

분로쿠짱은 크게 소리치며 엄마 품에 달려들었습니다. 눈물이 왈칵 쏟아졌습니다.

엄마도 잠옷 소매로 살짝 눈가를 훔쳤습니다. 그리고 분로쿠짱이 내팽개친 작은 베개를 주워 머리 밑에 베어 주었습니다.

1 다음 문장을 우리말로 옮기세요.

❶ こんな月夜には、子どもたちは何か夢みたいなことを考えがち
でありました。

→ _____

❷ 子どもたちは夜のお祭りをみにゆくところでした。
　　　　　　　　　　まっ

→ _____

❸ みんなは、文六ちゃんがよくみえるように、まえへおし出しま
した。
　　　　　　　　　　　　　　　　　　　　　　　　　　　だ

→ _____

❹ みんなは、その小さい音でさえ、聞きおとすわけにはゆきませ
んでした。

→ _____

2 다음 중 본문의 내용과 일치하면 ○표, 일치하지 않으면 ×표를 하세요.

❶ 文六ちゃんは、やせっぽちで、色の白い、目玉の大きい子ども
です。（　　）

❷ 親切な義則君は文六ちゃんを家まで送ってやりました。（　　）

❸ 文六ちゃんの家は下駄屋さんです。（　　）

❹ 子どもたちは文六ちゃんは狐になってしまったと思いました。
（　　）

3 다음 밑줄 친 곳에 들어갈 알맞은 말을 아래 ◯ 에서 골라 써 넣으세요.

> 보기　にかぎって　　気がします　　いくら　　こと

❶ しかし、人形がまたたきすると、子どもたちは、なんだか、ものがなしいような、ぶきみなような ＿＿＿＿＿＿＿＿＿。

❷ 子どもたちは思い出しました、文六ちゃんの新しい下駄の ＿＿＿＿＿＿＿＿＿ を。

❸ だが、いつも送ってくれたのです、今夜＿＿＿＿＿＿＿おくってくれないのです。

❹ ＿＿＿＿＿＿＿＿＿ 咳をしていても羽織をかしてやろうとはいいませんでした。

4 [　]안의 단어를 활용하여 문장을 완성하세요.

❶ 인간을 그만두고, 여우가 되기로 했습니다. [狐、〜ことにきめる]

　人間をやめて、＿＿＿＿＿＿＿＿＿＿＿＿＿＿＿＿＿＿。

❷ 생각했던 것만큼 어렵지 않았다고 합니다. [むずかしい、そうだ]

　思ったほど＿＿＿＿＿＿＿＿＿＿＿＿＿＿＿＿＿＿＿＿。

❸ 이 책은 숙제가 끝나고 나서 읽기로 하겠습니다. [終わる、読む]

　この本は宿題が＿＿＿＿＿＿＿＿＿＿＿＿＿＿＿＿＿＿。
　　　しゅくだい

CHECK UP 해답

해답 및 번역도 함께 실었습니다.

里の春、山の春

1
- **❶** 들판에는 벌써 봄이 와 있었습니다.
- **❷** 아기 사슴은 혼자서 산 속을 여기저기 돌아다니며 놀고 있었습니다.
- **❸** 이윽고, 그 소리에 이끌려서 자꾸자꾸 산을 내려갔습니다.

2
- **❶** よいかおりが
- **❷** 日のくれないうちに
- **❸** 口をそろえて

3
- **❶** 生まれて／ならない
- **❷** 見た
- **❸** 白くのこって

4
- **❶** けれども、山にはまだ春は来ていませんでした。
- **❷** 「ボーン」 とやわらかな音が聞こえてきました。
- **❸** ぼうやのしかは、ぴんと耳を立てて聞いていました。
- **❹** おまえの角についているのが花だよ。

赤いろうそく

1
- **❶** 위험해 위험해. 그렇게 가까이 가서는 안 돼. 폭발하니까.
- **❷** 모두들 가슴을 두근거리며 산꼭대기로 갔습니다.
- **❸** 귀뿐만 아니라 눈도 가렸습니다.
- **❹** 너구리도, 여우도, 아직 한 번도 본 적이 없습니다.

2
- **❶** × │ 족제비는 이미 빨간 양초를 나뭇가지에 묶어 놓고 모두가 오기를 기다리고 있었습니다.
- **❷** ○ │ 아무도 불꽃에 불을 붙이려고 하지 않았습니다.

❸ × | 다시 제비를 뽑아서, 이번에는 거북이가 가게 되었습니다. 거북이는 쪽제비보다 조금 나았습니다.

❹ ○ | "그러면, 오늘 밤 산꼭대기로 가서 거기에서 쏘아 올려 보자."고 말한 것은 원숭이였습니다.

3 ❶ とうとう

❷ ぱあっと

❸ きょろきょろと

❹ 自然に

4 ❶ さるが一本の赤いろうそくを拾いました。

❷ そんなに美しいものなら見たいものだと思いました。

❸ かめは元気を出して花火の方へやって行きました。

手ぶくろを買いに

1 ❶ 아기 여우는 가르쳐 준 대로 콩콩 문을 두들겼습니다.

❷ 처음에는 하나뿐이던 등불이 나중에는 열 개로나 늘었습니다.

❸ 아기 여우는 그 노랫소리는, 분명 사람 엄마의 목소리가 틀림없다고 생각했습니다.

2 ❶ あついどころか

❷ 泣きたいほど

❸ さくものです

❹ 帰り始め

3 ❶ 높은 창에서 따뜻해 보이는 불빛이 떨어지고 있을 뿐이었습니다.

❷ 지금 금장이라도 비가 내릴 것 같습니다.

❸ 저 빵은 맛있을 것 같아요.

4
❶ 彼は日よう日には音楽を聞いたりテレビを見たりする。

❷ 通りはネオンがついたり消えたりしています。

❸ 手を広げたり、かいでみたりしました。

❹ 週末には友だちと映画を見たり家で勉強したりする。

狐

1
❶ 이렇게 달이 뜬 밤에는 아이들은 뭔가 꿈같은 일을 생각하기 쉽기 마련이었습니다.

❷ 아이들은 밤 축제를 보러 가는 길이었습니다.

❸ 모두들 분로쿠짱이 잘 보이도록, 앞쪽으로 내세웠습니다.

❹ 모두들 그 작은 소리마저도 그냥 듣고 지나칠 수는 없었습니다.

2
❶ ○ │ 분로쿠짱은 마르고, 살이 하얗고 눈동자가 큰 아이입니다.

❷ × │ 친절한 요시노리는 분로쿠짱을 집까지 데려다 주었습니다.

❸ × │ 분로쿠짱의 집은 신발가게입니다.

❹ ○ │ 아이들은 분로쿠짱은 여우가 돼 버렸다고 생각했습니다.

3
❶ 気がします

❷ こと

❸ にかぎって

❹ いくら

4
❶ 狐になることにきめました。

❷ むずかしくなかったそうです。

❸ 終わってから読むことにします。

마음에 깊은 감명을 남기는 문장, 꼭 기억해 두고 싶은 문장을 적어보세요.

著作者

金子みすゞ　　わたしと小鳥とすずと　나와 작은 새와 방울과
　　　　　　　ふしぎ　이상해

新美南吉　　　里の春、山の春　산골 마을의 봄, 산의 봄
　　　　　　　赤いろうそく　빨간 양초
　　　　　　　手ぶくろを買いに　장갑을 사러
　　　　　　　狐　여우

다락원 일한 대역문고 - 초급5
일본 초등학교 교과서 작품선
日本の小学校の教科書作品選

지은이 金子みすゞ, 新美南吉
역　주 오석윤
펴낸이 정규도
펴낸곳 (주)다락원

초판 1쇄 발행 2007년 5월 15일
초판 6쇄 발행 2020년 2월 28일

책임편집 이경숙, 김윤희
교정 정보경
디자인 서해숙, 이수민
일러스트 송수미

경기도 파주시 문발로 211
Tel: (02)736-2031　Fax: (02)732-2037
　　(내용문의: 내선 460~465 / 구입문의: 내선 250~252)
출판등록 1977년 9월 16일 제406-2008-000007호

Copyright© 2007, 다락원

저자 및 출판사의 허락 없이 이 책의 일부 또는 전부를 무단 복제·전재·발췌할 수 없습니다.
구입 후 철회는 회사 내규에 부합하는 경우에 가능하므로 구입문의처에 문의하시기 바랍니다.
분실·파손 등에 따른 소비자 피해에 대해서는 공정거래위원회에서 고시한 소비자 분쟁 해결 기준에 따라 보상 가능합니다.
잘못된 책은 바꿔 드립니다.

가격 12,000원(교재+오디오CD 1장)

ISBN 978-89-5995-334-9 18730　978-89-5995-296-0(set)

www.darakwon.co.kr
다락원 홈페이지를 통해 인터넷 주문을 하시면 자세한 어학 정보와 함께 다양한 혜택을 받으실 수 있습니다.